Welcome to Wan Hua

萬華世界

WAnder LAND

Temple Market Herb lane

Dali street Craft Hanamachi

廟宇●市場●青草巷●大理街●工藝●花街

特集 *Extra issue*

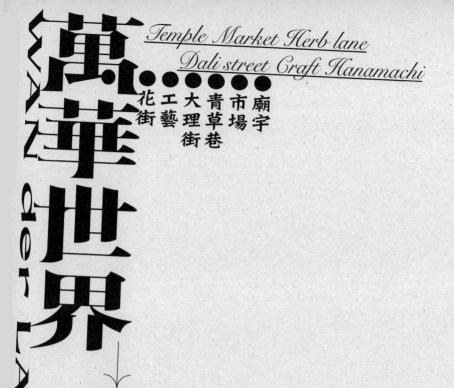

《萬華世界》序

宗教信仰、產業發展、歷史人文交織出萬華近三百年的繁華，如此深厚的文化底蘊潛藏在艋舺人自古至今的生活中，隱身在老街巷弄間，形成獨樹一格的日常風景。在萬華，與之生活的時間越長，越是能發現它的華美，同種子與土壤一般，透過生命練習所擷取而來的養分，成長爲本地樣態。

2017年忠泰建築文化藝術基金會開啓「都市果核計畫 Project UrbanCore」第三個據點，將歷經八十多年歲月的市定古蹟活化轉型爲「新富町文化市場」，期許成爲艋舺古城的新觸媒；其後亦奠定了以田野調查與現地創作，作爲年度展策劃的模式。這次展覽將從過往著眼於新富市場與東三水街市場的研究場域，推進到中萬華區域的人文踏查，並邀請策展人曾熙凱以及協同策展人李政道，聯手策劃《萬華世界》，以貼近現今觀點的新視角，收斂梳理成六大精彩的主題，分別是：廟宇、市場、青草巷、大理街、工藝，以及花街，透過「食物設計」作爲訊息載體，由廚師、調酒師、調香師、燈光設計師共同跨域創作，將萬華的文化內涵與常民生活重新設計轉譯，延伸到空間、氣味、聲音、視覺等體驗。籌備展覽的調查研究歷時甚久，因此將過程中未竟展出的企劃內容，由大洋製作編輯，收錄至本展覽刊物，希望藉此溝通萬華未來的「可能」，啓發對於地方文化更多元向度的想像。

新富町文化市場作爲飲食教育的場域、在地社會議題討論的基地，以及連結在地與外部社群的溝通平臺，將持續不斷扣合傳統市場、庶民生活、在地文化之思考角度，連結都市、建築、藝術、設計、文化等多元創新能量，讓詮釋觀點的敘事開展，交匯於新舊共存的文化場域，銜接過去與未來。

忠泰建築文化藝術基金會

把在地設計成一道菜，嚐嚐萬華的厲害

這幾年，臺灣不再盲從其他國家的生活風格，逐漸看到自己的魅力，一步步向前邁進成爲自己。從一開始大量的符號挪用，到現在眞正走入在地生活挖掘內容。

在探尋臺灣文化的路上，一府二鹿三艋舺的萬華，著實是必須深入理解的地方。萬華有著鮮明的歷史刻痕與性格，在協同策展夥伴政道的領頭下，我們一起走進封存在三、四十年前的臺北萬華，看見了族群、家庭、慈悲、信念、品味和欲望，這一切對於急於尋找自我的臺灣來說，就像是原本模糊的輪廓突然對上了焦，臺灣文化的模樣竟變得如此清晰！

然而，在田調過程我們所到之處，在地店家們卻無人對未來有一絲期望，彷彿資本巨輪已迫在眼前，下一秒就要將萬華輾過，變成另一個高樓林立的商業區。

萬華不應該成爲過去，我們迫切的想要讓萬華延續到未來，爲了展現萬華的魅力與潛能，政道和我藉由此展，邀集了許多極爲優異的五感創作者，以萬華的六個場域爲靈感，透過精緻料理（Fine Dining）的架構，創造了六道菜，期望能引起喜愛美食的臺灣人對於萬華的重新理解。同時，也希望更多不同類型的創意人走進萬華，把萬華帶進自己的世界，也把萬華帶到世界。

策展人｜曾熙凱

Studio Shikai 設計總監，致力以物件為載體紀錄文化並回應當代需求，作為傳統與當代間的文化銜接者。以產品設計與展覽策劃為主軸，對應不同專案的條件需求，使用當代語彙及新式材料與手法，將文化凝聚於專案中，使其回歸生活。

萬華對許多臺北人來說，像是一個陌生的地方。如果問「萬華在哪裡?」、「萬華有什麼?」，刻板印象裡除了「阮經天、鳳小岳」，不乏遊民、角頭、宮廟、站壁這樣的字眼。

然而，走進萬華的生活，才發現萬華是一個世界。還記得世紀帝國嗎?這一年來，我們像斥侯一樣，慢慢的「點開」萬華的地圖，從新富町文化市場開始，展開一連串驚奇的發現。

從生活裡的美食發現，萬華能讓我抬頭挺胸面對臺南；進入田野探查時，發現萬華的花街，竟然啓蒙著北臺灣的文學發展；萬華的大理街到現在，仍是臺灣某些族群的流行最前線；青草舖豐富了臺灣野草養身知識，政府應該重視而納入醫學、生物研究等領域。這一年來對萬華的世界觀，不斷被顛覆了。

於是我們從萬華從早到晚的生活時間，按照時序變成了六道高級料理，從早上的廟宇、市場、青草巷、大理街、工藝、再到夜的花街，讓大家開始想像更華美的萬華。

這次與策展人熙凱第二次的合作，一起把萬華的內涵當作「材料」，「誘拐」了臺灣頂尖的主廚、甜點主廚、調酒師、燈光設計師、視覺設計師、味覺設計師、流行設計師、食物攝影師、聲音創作團隊……帶著這華麗的陣容，一起走進來刨根，甚至把「萬華的DNA」植入每一位參與者的血液裡。除了展覽之外，也期待未來能將萬華的華美，在各自的主場上轉化、詮釋，重新帶給世界。

我們從「萬華世界」開始，未完，待續。

協同策展人—李政道

目前為網路平臺《西城 Taipei West Town》負責人，以低調、挑剔、偏執的態度，詮釋那些不甘被理所當然遺忘的老城、老味道、文化記憶及地方意識，並誠摯的邀請迷途在都會間的讀者，像個內行人般走進臺北的日常風景，續寫屬於臺北的繁華。

目次

序言

概論

食物創作

廟宇——艋舺神話

市場——萬華人的生鮮超市

23061162

風雅

土性

財源廣進
肉粥15
各式小菜

義茶行
萬華門市部
2308-3187
山葡萄
牛奶埔
藥燉豬
40年茶具

●萬華地圖

廟宇（ABCD）
市場（EFGHI）
青草巷（J）
大理街（K）
工藝（LMNO）
花街（P）
其他（QRSTUV）
A
B
C
D
E
F
G
H
I
J
K
L
M
N
O
P
Q
R
S
T
U
V

- A 龍山寺
- B 料館媽祖廟（艋舺啟天宮）
- C 艋舺青山宮
- D 艋舺清水巖
- E 直興市場
- F 新富町文化市場
- G 東三水街市場
- H 賊仔市
- I 電器街
- J 青草巷
- K 大理街服飾商圈
- L 老明玉香舖
- M 南新繡莊
- N 華記手畫佛神像專家
- O 三寶神明用品
- P 萬華茶室文化老街
- Q 萬華車站
- R 龍山寺捷運站
- S 剝皮寮歷史街區
- T 華江整宅
- U 臺北華西街夜市
- V 臺北製糖所

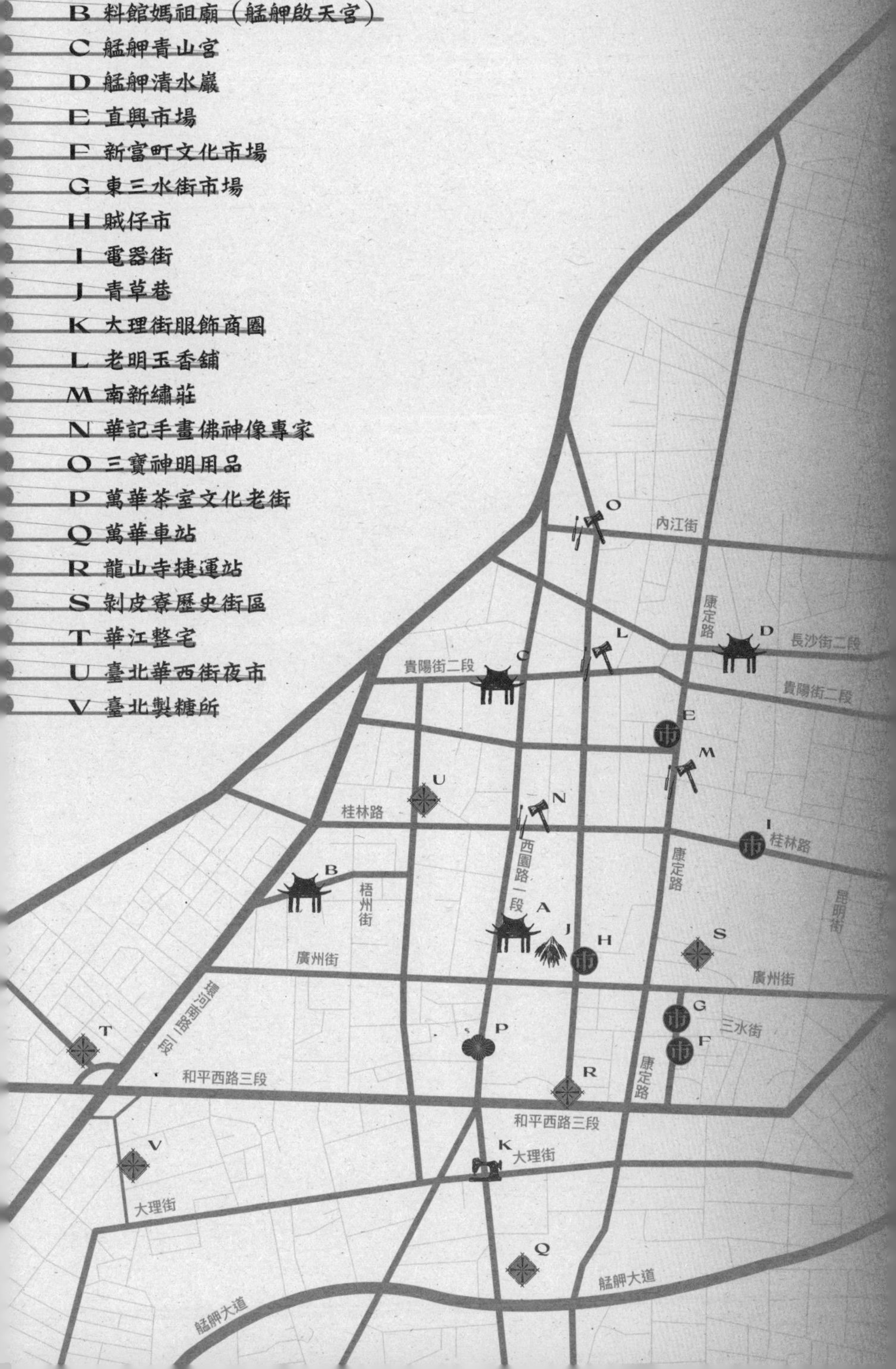

萬華時間軸——一部臺灣的世界史縮影

紗帽廚社的世界

紗帽廚社原住民聚落位於大溪口（今貴陽街與環河南路一帶），以及今長沙街、廣州街、臺北城西門的城垣（清末所建）區域。

十八至十九世紀

福建人上岸！

#碼頭文化 #漢人勢力 #角逐地盤 #廟宇出現

一七〇九年 ●陳賴章墾號獲准來臺，福建移民移居至此

一七三八年 ●龍山寺建廟

一七八七年 ●清水巖建廟

一八四一年 ●料館媽祖廟建廟

一八五三年 ●四縣反（頂下郊拚）

一八五四年 ●青山宮建廟

艋舺已經有與飲食需求、宗教信仰、生老病死有關的產業鏈規模。

也有聚集龍山寺附近的青草攤販，與集中在港口旁凹肚仔街的妓樓。

十九世紀末

日本人來了！

#清治晚期 #積極治台 #日治時代 #都市輪廓

一八八四年 ●清法戰爭之西仔反戰役，艋舺人號召民兵，協助清廷擊退法蘭西

一八九五年 ●進入日治時期

一八九六年 ●政府指定凹肚仔街爲遊廓（性產業專區）

一八九八年 ●《日日新報》在艋舺創立，開啟臺灣活字及凸版印刷技術

以仕紳家族主導的地方運作，逐漸被日本政府所取代。

都市計畫與現代化的影響，也慢慢滲透到艋舺的生活與產業。

二十世紀初

「萬華」出現了！

#艋舺銀座
#繁華
#市場

一九二〇年 ●臺北市設市，艋舺改名萬華

一九二一年 ●萬華新店線火車通車

一九三〇年代 ●日本人經營可宴飲演奏的豪華水上餐廳

一九三五年 ●新富市場創建

臺灣博覽會，北港朝天宮媽祖搭火車，到青山宮相會靈安尊王

一九四〇年 ●入船町市場啟用（直興市場）

火車站、豪華船隻、西式洋食、和菓子名店、公設市場，成為萬華的新風景。
傳統店舖攤販仍然熱鬧，與新的建築街景交錯輝映，被日本人稱「艋舺銀座」。

二戰之後

嬰兒潮時代來臨！

#車站集散
#大理街
#青草巷

一九四九年 ●國民政府來臺

一九五〇——七〇年代 ●萬華火車站爲臺灣最早成衣、加工批發集散地

一九七〇年代 ●青草巷街廓形成

一九七〇——八〇年代 ●大理街商圈全盛時期

一九八〇——九〇年代 ●青草巷成爲萬華必訪觀光景點

從萬華的產業，能看見戰後嬰兒潮世代的生命縮影，他們的需求、消費與勞動影響力，
都反映在人貨集散樞紐的萬華。

1 紗帽廚社聚落範圍

福建人上岸！

2 龍山寺 3 清水巖 4 啟天宮 5 青山宮

6 凹肚仔街（遊廓）

日本人來了！

7 萬華火車站

8 豪華水上餐廳

「萬華」出現了！

9 新富市場

10 直興市場

嬰兒潮時代來臨！

11 青草巷

12 大理街服飾商圈

碼頭位置

13 滬尾渡頭／14 王宮口碼頭

15 大溪口碼頭／16 料館口碼頭

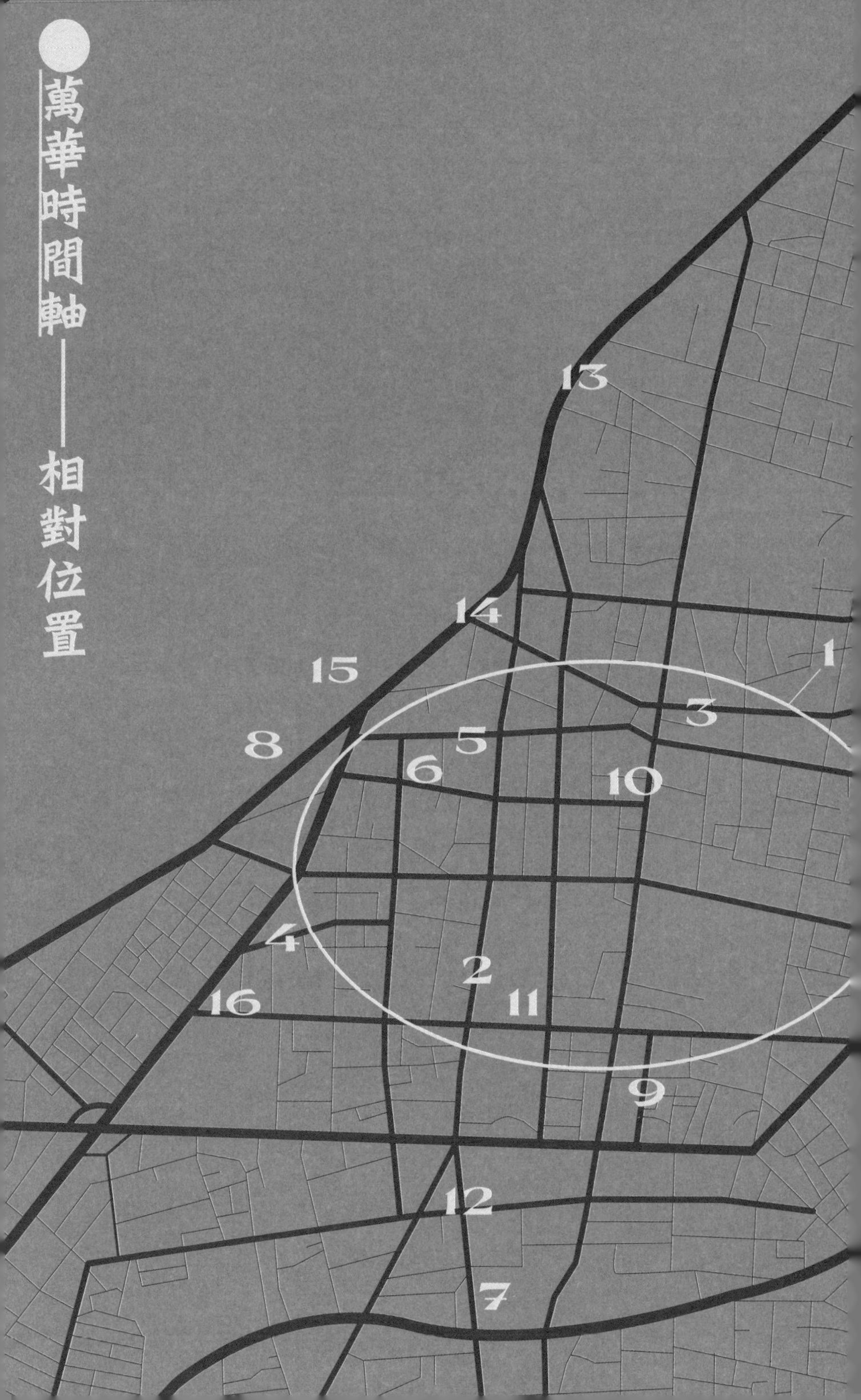
萬華時間軸——相對位置
1
2
3
4
5
6
7
8
9
10
11
12
13
14
15
16

萬華世界——紙上展

WANder LAND

策展人 *Curator* 曾熙凱 *Shikai Tseng*

協同策展人 *Co-curator* 李政道 *Chengtao Lee*

展覽地點——新富町文化市場 *U-mkt*

展期——2021.01.16–05.09

攝影｜呂國瑋

繡旗製作——京城武繡／武侍

廟宇

亞洲最大的募資平臺上線了

前菜——弟子 方柏儼 敬獻

氣味轉譯——永恆／和諧（絲柏／白玉蘭／佛手柑／安息香）

Temple

市場

湯品——蒜〜頭〜家〜

氣味轉譯——絆（芫荽／羅勒／八角茴香）

Market

比「產地直送」還要奢華

青草巷

何不來自找苦頭吃

餐酒——救苦救難

氣味轉譯——淨化（艾草／綠薄荷）

Herb lane

大理街

衣著最前線的老派浪漫

主菜——幫龍蝦穿衣服

氣味轉譯——自信（快樂鼠尾草／苦橙葉）

流行設計——林特

工藝

Crafts

甜點——粉涼

氣味轉譯——專注（綠花白千層／月桂／乳香）

職業造神工作者

花街

甜點——繁華攏是夢

氣味轉譯——催情（暹羅木／檀香／茉莉）

Hanamachi

萬花鏡，一切都是幻覺

開啟一座萬華世界

淡水河沿岸的廣大肥沃平原上，長久以來居住著各社原住民，直到閩南人逐批從福建橫越海峽，抵達淡水河口，各方人群在艋舺交會，大溪口、王宮口、滬尾渡頭、料館口等主要碼頭逐漸出現。又因原漢在此交易，臺北第一條街道於焉形成。

來自泉州的晉江、惠安、南安人（合稱三邑人），可說是最早在艋舺規模發展的漢人群體。艋舺龍山寺、料館媽祖廟、青山宮皆屬三邑移民的信仰中心，清水巖則為安溪人的祖師廟。在日本人統治之前，廟宇一直是民間自行運作地方事務的治理中心，也是地方具有名望的頭人、仕紳的影響力展現之處。

三邑人靠河運貿易吃飯，安溪人往內陸深山找機會。苦力來此尋頭路，在風險裡勞動來去，無論生命或生活，可能都在一日之間消逝。心靈信仰與風月娛樂，成為人們寄託生命、填滿生活的去處。宮廟與不好言說的小房間背後，或許是另一種看破生死的具象。

仕紳、苦力都在這，飲食攤販、漢醫草藥、生死行業緊鄰出現。隨廟宇出現的信仰產業鏈，聚集在西昌街、西園路與貴陽街一帶，工藝、糕餅、米粿、香鋪、米店、藥鋪、繡莊、軒社、布莊、當鋪、錢莊、染房等等，百業之蓬勃，是當代人難以想像的豐饒。

港口在十九世紀後半葉逐漸淤積，爭奪地盤港口的肅殺風景，也隨郊行式微而和緩。日本人的都市規劃緊接到來，有現代化的新富市場及周邊的三水街市場，更有新式洋樓、百貨、酒肆、遊船等新穎奢華的消費空間，「艋舺銀座」之稱，在日本人口中流傳。

當鐵路載著人與貨進入萬華，雇主來此招雇人工，勞動力聚集車站周圍，性需求產業相應延續，人群從清代的上岸，到二十世紀的下車，陸路取代水路，萬華以不同交通型態，持續吸納來自各地的打拚。七〇年代在車站後方聚集的邊角布地攤，得交通區位之利，在經濟起飛的年代，成為全臺服飾生產的集散地。

萬華世界，萬種繁華，不同於隨後其他時代新興的商圈，而是以歷史爲基底，一直站在臺北的起點，保存每個群體初到臺北的記憶，將產業一層層分享給新的東區。然而最豐富多樣、雅俗共存的文化肌理，長期來卻被刻板印象聚焦，尤其女性的樣貌，更顯片面單一。事實上，撐起碼頭文化與龐大木料市場經濟的商場女強人黃阿祿嫂，文人黃鳳姿與王香禪，政治家謝娥，慈善家清水照子、畫家謝招治……，她們也都是輝煌的萬華世界中，甚少被看見與討論的不凡身影。

廟宇 *Temple*

艋舺神話

傳統聚落的發展，總有民間信仰場所的身影，人們各種精神與生活需求，也圍繞佛寺宮廟而生。龍山寺、清水巖、料館媽祖廟、青山宮的身世中，潛藏著源自不同移民族群的性格、生存方式、產業型態與勢力範圍。

艋舺民間流傳的諸多神話與奇譚，不只成爲民族的靈魂精神，更描繪艋舺數百年來人們在此生活的立體圖像。例如華西街的隕石夜明珠與皇帝的黃馬褂，頂下郊拚中龍山寺與八甲庄蜈蚣陣大鬥法，甚或是龍山寺與芝山巖惠濟宮風水師大鬥法，都交織出艋舺濃重的謎譚氣息。

#慈暉遠蔭顧艋舺

#龍山行吟散策 #祖師爺親身擔災禍

#毋願離開的船頭媽祖 #我們都是《浪花》

#青山王鎮壓蟾蜍精 #還願扮將

龍山寺 1738 Longshan Temple

清水巖 1787 Qingshui Temple

料館媽祖廟 1841 Chitian Temple

青山宮 1854 Qingshan Temple

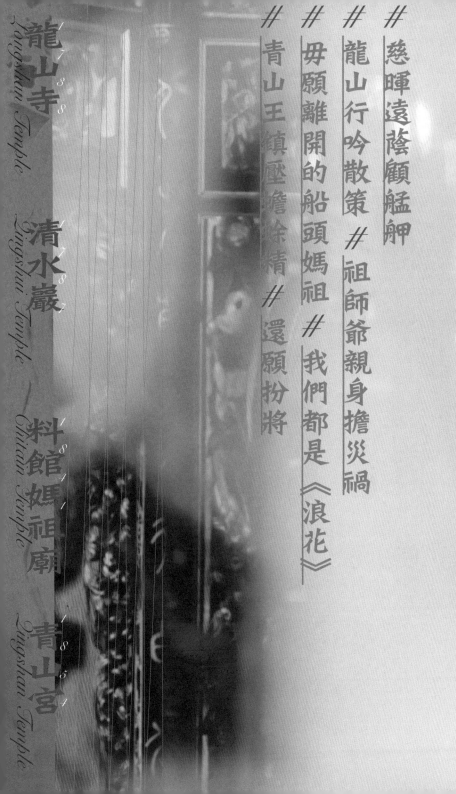

慈暉遠蔭顧艋舺

#仕紳 #詩社 #憨番扛廟 #西仔反戰役

香火鼎盛的龍山寺，庇佑了許多庶民小吃文化，以及各種生活樣態的人們。回到古早的時空，龍山寺運作其實是以仕紳爲中心，且同時承載福建泉州的三邑人的人際、政治與社交功能，也爲三邑人在艋舺的發展奠定基礎。

清法戰爭期間，1884 年在北臺灣有場「西仔反」戰役。根據英國茶商約翰・陶德（John Dodd）著作《北台封鎖記》，聽聞劉銘傳原欲棄守，逃往竹塹，但在經過艋舺時被眾人發現，將之毆打並關入寺內，直到他答應繼續坐鎮才被釋放。官方則記載，當時仕紳們聚集龍山寺，決議關閉所有南下的隘門，並上陳情書給劉銘傳，希望打消劉銘傳帶官兵南遷的念頭；同時組成五百名義勇軍，協助官軍作戰，並成功擊退法軍。因此今日龍山寺正殿上，仍掛著紀念這場戰役勝利、清光緒皇帝御賜的「慈暉遠蔭」匾額。

1945 年盟軍轟炸臺北時，誤以爲龍山寺爲官方機構，因此 6 月 8 日凌晨夜間，龍山寺遭空襲，建築損毀嚴重，但觀音像卻完好無缺。寺廟雖經多次修建，唯有觀音像自 1738 年建寺起就始終如一。

位於中庭的觀音爐，由四個洋人像所撐著，反映出寺廟主持公道，「處罰」總是欺負臺灣人民的洋人。而寺旁的青草巷，以及鄰近的火車站，反映出黎民百姓與離鄉背井苦力在此聚集的各種需求，諸如治療疾患、喝茶解渴、聯繫人際，與交通集散等等，這裡也逐漸成爲近代萬華發展的中心。

文字｜徐立真　攝影｜ Kris Kang

龍山寺 1738

Longshan Temple

臺北市萬華區廣州街二一一號

25.037306, 121.499889

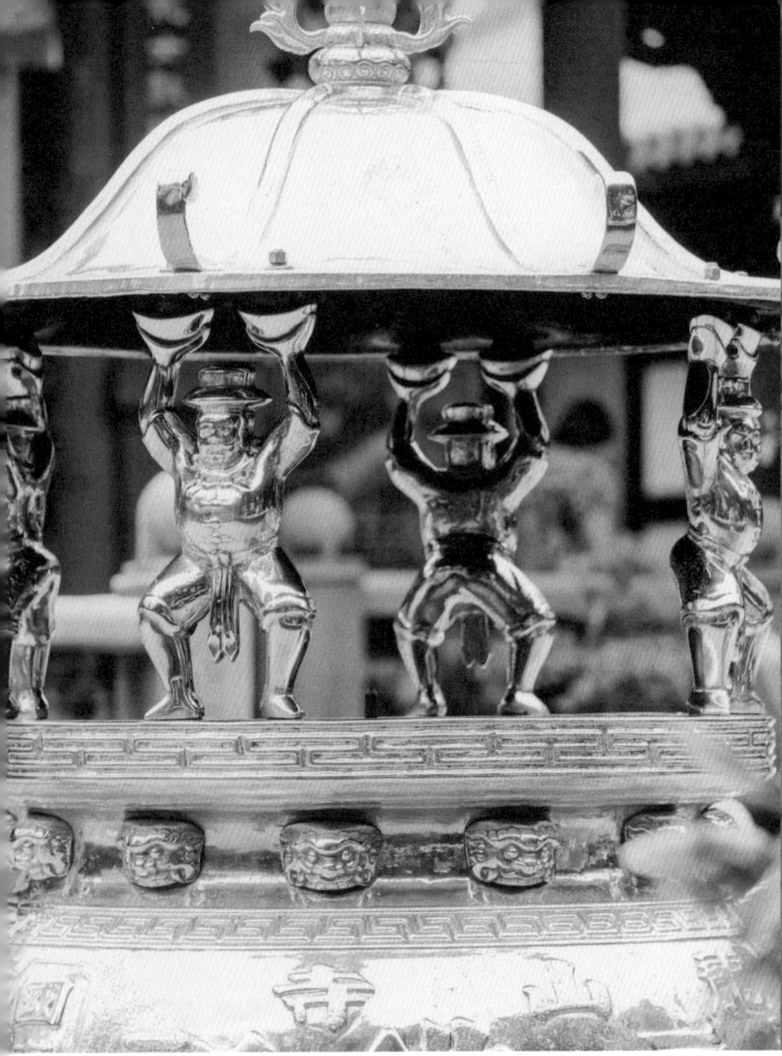

#憨番扛廟

龍山寺

Longshan Temple

龍山行吟散策

#仕紳 #詩社

口述｜黃適上　文字整理、攝影｜柯景瀚

龍山寺之於艋舺地方，除了信仰中心外，更接近於政治中心。在建廟初始，是泉郊、北郊聚集、裁決訴訟糾紛的場所，是三邑人領袖商討大計之處，也是地方仕紳倡議與教育的據點。

例如龍山寺1918年的大改建中，福智大師率先捐出畢生七千餘元積蓄，善行感動地方仕紳如吳昌才、辜顯榮先生等響應，除向地方募集到鉅額善款，龍山寺更進一步邀請福建泉州溪底派大木匠師代表——王益順，率領十多名匠師來臺參與龍山寺改建，建立起具有前、中、後殿、走馬廊、銅鑄龍柱的新式廟宇，讓龍山寺坐上臺灣廟宇的領航者地位。

地方文人學士也熱愛在酒樓或名勝行吟散策，如現今康定路剝皮寮至祖師廟前南側街區，曾有一片廣大蓮花池（或稱蓮花陂），吸引多位文人以此景點撰寫詩句，後因池水漸枯，爲日本人所塡平，臺北市文獻館於1983年，在老松國小前立「蓮花池舊址」碑紀念。

至日治時期，日人開辦公學校，在龍山寺設立教育公堂，引入西方近代化的教育制度，臺灣民間則有自發性的詩社組織，其功能類似當代的學會、促進會，由當地的仕紳發起，推廣漢學教育爲主，號召對漢學有興趣的有志之士一起研究、一起工作。

當時全臺有將近四百家詩社。三大代表詩社爲北部的瀛社，中部的櫟社，與南部的南社。瀛社初代社長是艋舺第一仕紳洪以南，創社大會舉辦在現今西昌街與桂林路口的平樂遊酒樓；櫟社由林朝崧創社，成立時間最早，入社資格最爲嚴謹，代表人物爲林獻堂；南部爲南社，由連雅堂等十餘人共同創立。

魏清德、劉篁村、倪希昶、王少濤，都屬北部重要詩人，並在臺北多處留下文學作品，其中又以瀛社第三任社長魏清德與龍山寺關係最深，在寺內最重要的山川門與前殿十一開間的堵身上，留下大量的楹聯題詩。1927年，魏清德擔任《臺灣日日新報》漢學部的主任，邀請多位詩人擔任報紙記者，並發表共計25篇的〈島人士趣味一班〉，介紹臺灣人的藝文嗜好與多位藏家。

透過仕紳與詩社的觀點，凸顯出艋舺除了河口貿易，更深具傳統文人互動的場域特色，商人與仕紳在龍山寺周邊，共同建立起一幅繁茂深厚的文化風景，是重現二十世紀初臺灣文人社會樣貌的珍貴文學資產。

祖師爺親身擔災禍

#四縣反 #落鼻祖師

文字｜徐立真　　攝影｜Kris Kang

泉州安溪縣的人們來到艋舺時，靠港口之處幾乎已是三邑人的聚落，更內陸處則爲同安人的八甲庄（老松國小一帶）聚落，因此安溪人便在蕃薯市街末端（貴陽街靠青山宮一帶）定居，並在安定之後，於1787年乾隆年間，在今日貴陽街二段98號一帶，興建清水巖祖師廟，供奉七尊家鄉的清水祖師分靈像。

夾在兩大族群間，卽便安溪人善於斡旋，也不免受波及。1853年在又被稱作「四縣反」的頂下郊拼中，不屬於四縣之一的安溪人也受波及，清水巖祖師廟因此遭到焚毀。一說是三邑人爲繞過滿地池沼，借道清水巖祖師廟，承諾事後協助重建廟宇，讓同安人撤出神像後，燒毀廟宇並攻擊同安人；另一說是三邑人以大菁（藍染原料）桶爲掩護，在攻擊燒毀同安人八甲庄聚落時，清水巖祖師廟也連帶被燒毀。

相傳蓬萊祖師總會在災禍來臨前，以掉落鼻子來示警，因而有「落鼻祖師」之稱，「西仔反」戰役時，衆人也曾將祖師爺請到淡水祈求打勝仗。

目前的清水巖祖師廟，就是重建後的現址，日治時期曾權充學校使用，是州立二中（成功高中）、國語學校第二附屬學校（老松國小）、艋舺第二公學校（龍山國小）的創校所在地。州立第三高等女子學校（中山女高）也曾在此教學。

經歷過天災、械鬥、戰爭的波及，這裡像是始終恬淡低調的信仰中心，落鼻祖師也持續守護安溪人，往大臺北盆地邊緣郊山、海拔更高、更內陸的深山處，尋找不同的機會與資源。

清水巖祖師廟

Qingshui Temple

臺北市萬華區康定路八十一號

25.040439, 121.502733

清水巖祖師廟

Qingshui Temple

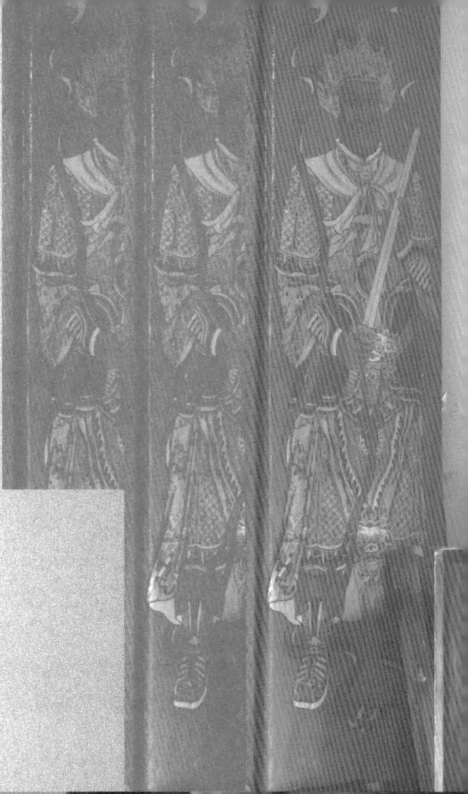

#落鼻祖師

毋願離開的船頭媽祖

#碼頭渡口 #料館媽 #百年家族 #百年苦力 #啟天宮

艋舺的碼頭文化，約在1820至50年代興起。其中，位在淡水河主河道彎曲處的碼頭，適合往來船舶避風、起卸貨，成了木材進出口的主要據點。附近的料館（即鋸木製材廠），從福建進口杉木，作爲高級建材使用；同時也將大漢溪、新店溪上游林場的樟木運至此地製材處理後，轉運至福州，作爲軍需造船所用。此處因此有「料館口碼頭」之稱。

1841年，一間名爲「萬順」的料館出現。同年，傳說有艘已卸下福杉的船隻準備調返離開，船身卻在風平浪靜的水面上停滯打轉。請示船頭的媽祖後，得到鑾駕要留在艋舺的指示。於是將媽祖像，安奉在萬順料館的老闆黃昭祿家中正廳。

媽祖有求必應，香火鼎盛，黃家事業也一帆風順，成爲艋舺第二大家族。黃家發跡後，欲恭請媽祖到新建宅院，媽祖卻不允准，黃家人只好搬至新宅。而原本規模較小的舊宅，則爲啟天宮（在地人稱料館媽祖廟），香火延續至今。

2021年是料館媽祖廟的建廟180週年，大家族在此發跡，傳奇女性黃阿祿嫂以其強勢手腕和靈活頭腦，將事業版圖擴大成爲一個龐大的木材業帝國，料館口的木料供應給沈葆楨打造北洋艦隊，劉銘傳鋪設臺灣鐵路所需枕木也由她供應，而搬運木材的人群，則是這座城市最古老的苦力形象。又聽說「料館媽」對女性祈願有求必應，是艋舺當地女子的精神依靠。

然而，原本位於河岸邊，舊稱「港仔尾」的料館媽祖廟，看著1860年代艋舺港口逐漸淤積，新闢道路出現，原本總見波光粼粼的淡水河風景，今日則隱身巷弄，低調庇佑地方。

註：囿於現有資料限制，本書主要撰述內容以料館媽祖廟爲主。

文字｜徐立真　攝影｜Kris Kang

料館媽祖廟

1841

Temple

臺北市萬華區廣州街二五三巷二七號

25.0375774, 121.4966929

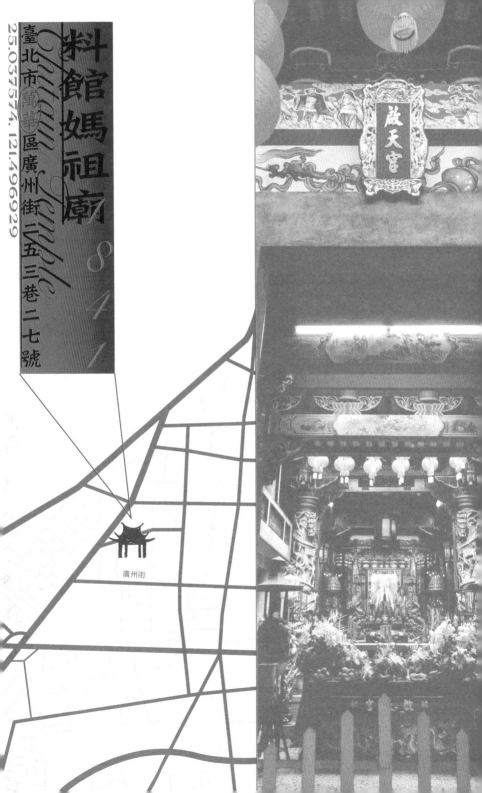

料館媽祖廟

Chutaun Temple

料館媽

我們都是《浪花》——在故事中看見自己的身影

艋舺小說推薦

這是一本構築在艋舺十九世紀後半葉爲背景的歷史小說，主角是曾眞實生活在那個時空的「黃阿祿嫂」，然而關於這位「女企業家」的文本資料並不多，僅能在流傳地方、廟宇與家族的資訊中，稍稍拼湊她的事蹟。作者陳瑤華以時代史實、個人事蹟作爲故事推進的基底，創造出一位鮮活而有溫度的黃阿祿嫂，她有身爲那時代女性的困惑與限制，也有啓發現代人的獨特女性特質。這部以臺灣爲舞臺，女性爲主角的《浪花》，是歷史小說中相對難得而獨特的作品。

故事以一艘從福建出發到淡水的船隻爲起點，描繪主角吳帆，如何輾轉落入凹肚仔街的妓樓生存，成爲富商黃昭祿妻室，並成爲叱詫艋舺的慈善家、企業家的過程。曾眞實活躍於斯的人物、族群、場所與事件，都成爲《浪花》劇情的基底，而史料未曾記載的縫隙，由動人的人際情誼所串起，讓這本小說成爲我們認識艋舺與遙想十九世紀北臺灣的途徑。

不熟悉歷史的讀者，會隨劇情不知不覺認識十九世紀末那個商機蓬勃，又充滿危機的臺北。喜愛歷史的讀者，將不斷讚嘆作者的考證與敍事功力，在眞實歷史與人文關懷之間，取得巧妙的分際與平衡。

關注性別議題的讀者，能重新思考女性在不同時代的處境，以及以另一種方式，理解家庭、婚姻、個人實踐的意義。關注族群關係的讀者，可以在黃阿祿嫂與不同人群應對、交手的劇情中，切實感受到頂郊、下郊、原住民、漢人、洋人不同群體，在那個時代中的處境。

浪花是到異鄉上岸的人群，是煙花巷裡的女子，是爲生存搏命勞動的人，是爲理想而不懈尋求機會的人，是爲牽掛的人們而奉獻付出的人。這是一部以女性爲主角的艋舺歷史小說，也是屬於所有臺灣人認識自己的故事。

每個讀者，都能從《浪花》中，看見自己的身影。

文字｜徐立真

關於小說《浪花》

講述清道光年間，孤女吳帆輾轉被送入艋舺凹肚仔街的妓院，在掙扎求生中開啓她不凡的人生之故事。她憑著勇氣與智慧突破傳統，繼承亡夫事業，歷經頂下郊拚、漢蕃交涉、洋行糾紛、清法戰爭等時代考驗，成爲艋舺富商。今萬華的料館媽祖廟與黃氏家廟種德堂，是主角眞實原型黃阿祿嫂所留下的事蹟，而臺灣歷史博物館中也展示著她的蠟像。

關於作者｜陳瑤華

臺大中文系畢業，清華大學文學碩士。曾任職《藝術家》雜誌編輯，及 11 年的臺北市立師範學院專任講師，曾任美國北科羅拉多州大學短期交換學者。目前專事寫作。

《藍色玩具店》曾獲聯合文學小說新人獎、短篇小說《毛髮》及舞臺劇本《雕情記》獲教育部文藝創作獎，短篇小說《橡皮靈魂》入選九歌九十年度小說。已出版小說《藍色玩具店》、《十六歲的結業式》、《夏日，在他方》、《蒼蠅情書》、《惡女流域》。

青山王鎮壓蟾蜍精

#蕃薯市街 #瘟疫 #蟾蜍精 #青山宮

在醫療資源與知識並不普及的古早時期，相傳蕃薯市街（現貴陽街）上有口古井，住著一隻蟾蜍精，每當口吐毒氣，便會使人感染瘟疫，人心惶惶。在四縣反之後，三邑人元氣大傷，疫病傷痛也在人群間流行。

1854年咸豐年間，惠安籍漁民決定從家鄉奉請靈安尊王分靈來台，盼平撫疾病。當神座經過古井處，突然變重而無法移動，原來是神明開示要在這裡定居。眾人便先蓋一小廟供奉，沒想到當地罹病者在祈求後，都逐漸康復。兩年後，眾人商議將廟擴建，並將廟宇蓋在古井之上，鎮壓蟾蜍精。今日我們所見的青山宮，自1856年建廟後，雖歷經三次遷址，但壓制百多年瘟疫的傳說，仍受當地人所崇信。在SARS和COVID-19等大規模疫情爆發時，青山王也會應民情所需，出動遶境、掃平疫病。例如在SARS期間，青山王便特別走入東三水街市場內，讓家將神像穿越尋常市場，成為在地罕見的奇景記憶。

自道光年間開始，離碼頭不遠的凹肚仔街（華西街青山公園南至桂林路、西至環河南路一帶），便有妓樓出現；日治時期，包含青山宮一帶也被劃入遊廓，有歡廊、酒家等風化行業，據說每晚華燈初上，青山王駕前的枷、鎖二將軍，便會現身嚇退妓女，希望其不要太招搖，影響周邊住民；然而，也有一說風化行業從業者相信青山王爺可治好性病，因此青山宮內也有「女給」（女服務生）奉獻捐贈的石刻。

青山王祭典串起了在地軒社團體、香燭、製餅、製粿、米穀業，以及雕刻、刺繡等工藝業的傳統產業鏈，也是臺北市第一個推出電動花燈的廟宇。每年農曆十月廿及廿一，是青山王在轄區暗訪，明察善惡、驅除疫病的日子，廿二日則為恭祝青山王聖誕的正日遶境。青山祭不只是今日風靡北臺灣的盛事，早在日治時期，就已是需要加開火車班次、具全臺規模的民間信仰活動活動。

文字｜徐立真　照片提供｜中華文化總會

青山宮

Qingshan Temple

1854

臺北市萬華區貴陽街二段二一八號

25.040069, 121.499523

青山宮 Qingshan Temple

還願扮將

#青山八將 #三步 #枷鎖將軍 #白鶴童子

從清領時期開始，家將文化便跟著中國新移民，連同信仰形式一起來到臺灣。基於對神明的尊重與敬畏，人們以扮演神前家丁將領的方式，護衛神明出巡地方。臉繪的用意在於嚇鬼，沿途並以鞭炮的聲量，驅逐邪穢。

每年青山王繞境時，駕前護衛皆有青山宮八將團、義安社、義英社及鳳音社，其中青山宮八將團的組成格外特殊，在創立初始，卽是由一般的信衆所組成。最早成立八將團的兩位素人，認爲只有把青山王迎來，卻沒有把家將儀式一起帶來，因而自主發起扮將儀式。他們認爲自己並非家將或官將首，而是神明的駕前護衛，兩人分站神明前頭兩側，右邊扮演紅衣紅臉的枷將軍，左邊扮演綠衣綠臉的鎖將軍。

其他信衆看到，也希望一起爲神明服務，經討論後決定採紅綠兩排，一排四人，分別以青面／紅面頭、一、二、尾來稱呼，站在兩排將軍中間的引路童子，又稱「白鶴童子」，則是參考青山王神明畫像中的鶴鳥，在臉上繪製白底的鵬鳥臉譜，手持葫蘆，具有指路與收妖的功能。由於團員都是基於「還願」的心意，而加入陣中爲神明服務，因此稱爲「還願扮將」。

這個九人的編制，從 1962 年延續至今，兩排護衛手持衙役用的刑具，腳上穿傳統草鞋，身上的紙帽、披風都是由信衆所捐獻，造型相對簡單樸素。八將團的成員皆非職業陣頭，平時也不需要應其他公廟邀約出陣，只有在青山王祭正日前一週，團員才會聚首，找一塊空地練習。八將團步伐採用無花步的「三步战」（鬼步），動作單純，無需太多練習卽可上陣。

雖說組成的起源是爲了還願，但成員們對於還願的原因或者時長其實都不太在意，多半只是因爲一種「我不來跳的話沒人來跳」的責任心驅使，而在每次如過年般的青山王祭，從各地返回萬華，平實地與團員共同完成這一場地方盛會，祈求合境平安。

口述｜樊宗錡　文字整理｜柯景瀚　照片提供｜中華文化總會

青面八將
紅面
白鶴童子
青面

《萬華世界》

食物創作

前菜

弟子方柏儼 敬獻

塔皮、檸檬醃漬干貝、蕪菁薄片、金箔、菊花

一座廟的建成，除了主神的允諾之外，最關鍵的是集結衆人的力量與善款。走進萬華的廟宇，映入眼簾的是繁複的壁畫與雕刻工藝，佛像上的金箔、金牌與鮮花，以及上頭刻寫著的信衆姓名，是奉獻，也是虔誠祈願。主廚方柏儼以「衆人之力」的精神做爲核心概念來詮釋萬華的廟宇。三層塔皮作爲寺廟的結構，其中放入檸檬醃漬干貝，並灑上檸檬皮提味，同時反映東西方的飲食特色——干貝常使用在西餐的前菜中，臺灣則是廟會辦桌中頂級食材的代表。每一層塔皮的頂端，將小蕪菁與櫻桃蘿蔔刨成薄片，點綴貼上金箔，相互堆疊成瓦片，象徵出不同領域、階級的人們，凝聚共識、集中力量建起廟宇。最後在盤面撒上細小的鮮花，代表信徒的心意，也是形塑人們前往廟宇、慶典朝聖的氛圍，代表一個個虔心的民衆，爲這道料理「弟子 方柏儼 敬獻」鋪陳上桌。

Chef

方柏儼

Po-Yen Fang

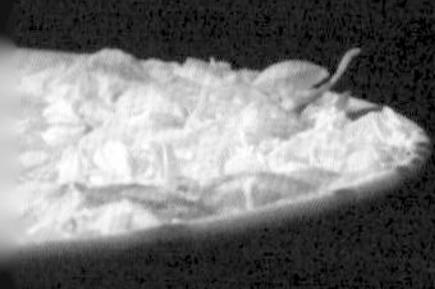

主廚｜方柏儼　攝影｜林志潭

市場

Market

萬華人的生鮮超市

依隨渡口和交通節點而集成的萬華市場，有著悠遠的發展歷史，也因鄰近臺北魚市、環南、果菜批發市場之故，在街市裡有著豐富的新鮮蔬果漁獲，甚至連收涎餅、可以吃的平安符鹹光餅、萬華名店的瓜仔肉罐頭，也都能在萬華的市場裡找到。

走入萬華的市場，觀察生意人的氣口，一探支撐萬華家庭冰箱的活水源頭。

#艋舺家人的那碗湯
#萬華市場
#兵仔市場
#市場記憶
新富市場
東三水街市場
新富
東三水
花生
ピーナッツ
Peanut
玉米
とうもろこし
Corn
芋頭
さといも
Taro
さつまいも
Sweet Potato
現打

萬華市場 *Monga market*

新富町文化市場

文字｜柯景瀚、翁子蔓
攝影｜林軒朗

攝影｜汪德範

新富市場前身爲「下崁庄市場」，位於今萬華區公所，1922 年配合町名改正，因而改爲「綠町市場」。至 1935 年，由於位處偏遠、長期經營不善，日本政府將其移地改建，更名「新富町食料品小賣市場」。市場主建物呈馬蹄形，外牆有洗石子覆面的水平飾線，入口上方設有雨庇，中央更有獨特天井造型，整體造型簡潔，室內動線流暢，也滿足風土建築的精神與機能。八〇年代後，受環南市場及市場外攤商影響，新富市場逐漸衰微，建物結構更因老舊而亟需改善。2006 年新富市場公告爲市定古蹟，經過修復與空間活化再利用工程後，以「新富町文化市場」延續其文化歷史意義。

新富市場整修前照片
——臺北市市場處提供

攝影｜許鈺盛

《新富町——庖廩之所》展覽創作過程

東三水街市場

康定路東側三水街

新富市場開業後，隨著集市效益，攤販逐漸聚集在三水街周邊，以康定路爲界，左右兩側分別爲西三水街市場和東三水街市場。東三水街市場一帶，在1950年代開始，許多攤商在市場外圍空地上搭建矮房，一樓作爲營業和後場備料空間，而高度不及一層樓的二樓空間，則成爲攤商們的生活起居空間，又被稱爲「半樓仔」，具有非正式、臨時的特性。1986年，新富市場正門外的「東三水街攤販集中場」正式合法成立，攤商不再受取締威脅，在架設頂棚、整治排水和燈光設施後，空間環境更加舒適明亮，並發展出友善親子與觀光的市場特色。

康定路西側三水街

西三水街市場

西三水街市場範圍從康定路至西園路一段，末端爲龍山商場，販賣各式小吃、珠寶、玉飾、皮鞋、鐘錶、生活雜貨等，並曾有萬華、大觀兩間戲院，知名的萬華龍都冰菓店也是在此發跡，每個老萬華人談到過去這一帶的生活光景無不懷念。直到 1993 年因捷運興建工程，此區域回歸爲公園用地，上方建物面臨拆除的命運，龍山商場遷至對面的萬華行政中心大樓內，命理攤販和玉飾搬移至艋舺公園下方地下街；部分攤販遷至東三水街市場經營。目前著名的淞品土雞專賣店、甜品老店三六圓仔店、各式傳統小吃店也都仍屹立於此。

直興市場

直興市場在日治時期名爲「入船町食料品小賣市場」，1938 年開幕後，周邊商行逐漸聚集，與貴陽街共同見證了昔日因船運碼頭而繁榮的發展歷史，周邊如香燭舖、中藥舖、糕餅店、茶葉莊，都是開業許久的老商號，過去甚至有放映洋片的華宮戲院，市場附近也仍能看到以紅磚建造的拱廊亭仔腳和傳統街屋建築。後因都市計畫，周邊康定路、西昌街、貴陽街等主要道路興闢，將市場安置於巷道中；又因鄰近中興橋，這裡成爲許多往返臺北、三重的上班族，下班後購買生鮮食材回家料理的必經處，逐漸成爲今日的直興市場。2005 年，直興市場遭遇大火，上百攤位受損，傳統木造建築也付之一炬，經過辛苦重建後，今日直興市場共有近 200 個攤位，分爲六區：臨固區、康區、貴區、一賣店、二賣店、本館。

臺北市萬華區康定路172巷1號

賊仔市

萬華的賊仔市起源於二戰結束後，日本人準備返回本土，家中帶不走的物件，就開始陳列在街頭上變賣。當時家中的和服、木盒、櫥櫃，整整齊齊地擺放在路邊，供路過的人們選購，這份「惜物」的氛圍也留存在艋舺當地，逐漸成爲舊貨市集。戰後，中國老兵落腳老松國小一帶，除經營軍用品相關的生意，也建立起「估衣市場」的二手用品買賣市場，是即將拆除的電器街前身，鼎盛時期，昆明街一路到國賓戲院，高檔二手西裝、旗袍店林立。如今，賊仔市的風氣仍舊能在西昌街一帶見到，人們隨地擺放二手物件，品質雖良莠不齊，卻有著挖尋寶物的樂趣存在。

臺北市萬華區西昌街、近龍山寺一帶

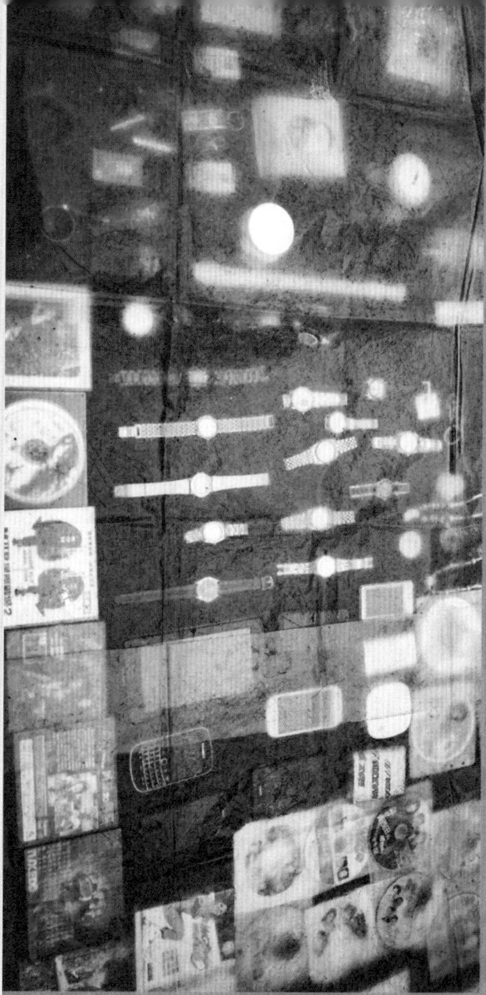

兵仔市場

文字－陳星穎
攝影－柯景瀚

在萬華的市場，不難發現與軍方相關的符碼：以「機場」爲名的夜市、小巷裡陳列的軍用品、過去俗稱「兵仔市場」的公有零售市場。

萬華與國軍的淵源，來自於半世紀前。1949 年，中華民國政府播遷來臺，當時大量的國軍與眷屬從大陸遷徙至島嶼的首善之都，而繁榮的萬華自然地成爲了他們的首選。

聚落的形成，直接影響了萬華的民生樣態。1950 年代，一部分撤退來臺的老兵在現今的老松國小附近設市擺攤，成爲現今的「艋舺舊貨市場」。這些老兵除了一般的民生用品之外，也賣自己熟悉的軍用品。美軍撤離臺灣後，留下的美軍物品繼續流入街頭巷尾之中，直到 2020 年舊貨市場被拆遷前，巷子裡都還看得到軍用品的蹤跡。

除了民生聚落之外，軍眷的分佈也牽連著萬華的飲食場景。著名的南機場夜市，其名稱就源自於臺北市早期的軍用飛行基地。在臺北松山機場尚未落成前，當時軍機的起降都在俗稱「南機場」的陸軍飛機場。1960 年代，政府在此建設南機場國宅，不久後，國宅之間便聚集了吸引許多饕客的美味攤販。

大量軍民的湧入，也帶動了萬華傳統市場的景氣。北萬華的新富市場，因爲軍眷頻繁的婚喪喜慶，讓攤商的生意絡繹不絕；全臺大最大的的公有零售市場——環南市場，更曾經因爲被指定爲國軍糧食採購中心，從凌晨到天亮都看得見川流不息的貨運卡車。

之1
POLICE

3K安全鞋

艋舺家人的那碗湯

市場，化爲一條無形的線，連結市場、攤商與顧客關係，再用這條線畫成一個充滿情感、圍繞著每戶人家的圈。這裡販賣的不只是商品，也是長久累積的信任，有趣的是，每位煮夫／婦記住的，永遠不是攤位的號碼，而是攤主的長相和特徵。讓我們走入三個萬華家庭，聽聽在地住民的市場推薦，嚐嚐餐桌上那一碗湯，感受家人共同的記憶滋味，也看看地方尋常生活的樣貌。

文字｜李政道　攝影｜李政道、連思博

煮湯

1 蒜香蘿蔔蛤仔雞

2 紹興蘿蔔排骨湯

3 蒜香芋頭排骨湯

蒜香蘿蔔蛤仔雞

陳鮪魚 a.k.a 林太太

插畫家熊秋葵一家人，結婚後才搬來的他們算是萬華的新住民，家庭成員有一隻六歲的臭臉貓「偷筆」、還有一位五歲、做著公主夢的女兒，每週會去傳統市場一次，通常是在週日早上。熊秋葵說這裡市場的菜雖然比較貴，但品質真的好。週間比較少開伙煮飯，那都吃什麼呢？不愛吃肉的太太鮪魚笑著說：「大多亂吃啊！」

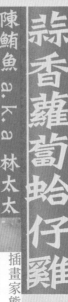

煮湯

食材

- 蘿蔔　一條
- 雞腿肉　適量
- 雞翅　兩隻
- 蛤仔　適量
- 薑片　少許
- 蒜頭　一顆
- 米酒　少許
- 鹽　少許
- 椎茸だし　一包

製作方法

1 雞肉加入薑片川燙去腥備用。
2 白蘿蔔去皮後切塊，蒜頭壓扁剝除蒜皮。
3 將所有材料放入鍋內，加水淹過食材，熬 30 分鐘。
4 煮滾後加入蛤仔至蛤仔打開即完成。
5 起鍋前 10 分鐘倒入米酒，提取香氣。
6 加入適量的鹽、椎茸だし調味。

其他佐餐食物

鹹蜆仔、干貝 XO 醬拌麵

採購市場
↓東三水街市場

採購市場→東三水街市場

永恆製麵（攤號：東 121 攤）

當天製作的麵條，味道豐富 Q 彈且有多種麵條口味選擇，如菠菜、紅蘿蔔、蝶豆花等，更有新鮮感，挑選當天現做未經冷藏的麵，味道更好。

雞肉媽媽（攤號：東 068 攤）

沒有招牌，人稱阿花姐的 82 歲阿嬤人很親切，有海口音、頭髮永遠吹得很高。

紹興蘿蔔排骨湯

陳頎林 & 烏拉

陳頎林與烏拉，是萬華祖師廟夜間神祕名店「陳冰商號」的老闆夫妻，好幾代世居萬華的陳頎林，在日本時代，奶奶曾經是艋舺旗亭（酒樓）的藝旦。頎林個性溫和，喜歡皮件製作、與太太一起經營著陳冰商號的紅茶冰生意，急公好義、且廣結各方好漢善緣的他，更像是一位萬華道上的兄弟，因爲烏拉的協助，兩人的小生意受到各方「文藝青年」愛戴。「後菜園—陳冰商號」用老地名爲小生意命名，每一杯紅茶冰裡都是萬華的小故事。平常做飯嗎？烏拉說：沒有太多時間做，我們家都是老公在做。因爲老公頎林曾學過西餐，也待過福華將近 20 年的時間，「後菜園」陳兄追到美嬌娘，好手藝或許就是讓她決定從此牽手相伴的帥氣一手。

帶著紹興酒香的這碗湯，讓我們也想婚了。

食材

蘿蔔　一條
帶軟骨豬小排　適量
秀珍菇　適量
酸菜　半條
紹興酒　半罐
米酒　適量
鹽　少許

製作方法

1 白蘿蔔去皮切塊備用。
2 排骨肉用少許米酒醃漬三十分鐘。
3 將蘿蔔、秀珍菇、酸菜與排骨放入鍋內熬煮5小時。
4 熬煮完成後，加入半罐紹興酒。
5 起鍋前加入適量的鹽調味即完成。

其他佐餐食物

鯊魚煙、豬頭皮、粉肝、豆干絲、荷蘭豆炒菇菇、現撈小卷仔

採購市場 ↓ 雙和黃昏市場

採購市場→雙和黃昏市場

大約兩點多，便有攤商陸續出攤，推薦市場中段切面攤旁大攤的蔬果攤，熟食則推薦賣油飯斜對面那間。

蒜香芋頭排骨湯

黃蓉 & Amy Hsu a.k.a 黃媽媽

萬華人「第三代」的黃蓉是 Smells of Taipei 的主理人，以萬華的人與地景爲靈感來調香，她相信「氣味是看不見卻深邃的風景」。他們一家四口在萬華生活了三十多年。

來自桃園眷村長大的黃媽媽 Amy，起初住在華西街的婆家，看著萬華的大小事，民俗信仰熱鬧發生，也瞭解在地老闆性格，一開始覺得店家臉好像都很臭，後來發現他們並沒有惡意，臉臭只是天生的。在萬華的市場買起菜來，卻沒有帶著會計師性格的精打細算，獨鍾在東三水街市場買菜，笑著說雖然覺得東三水街市場貴，但是又覺得他們品質眞的很好。對於不同的攤商如數家珍，有些雖然記不起名字，但憑著腦海裡的印象，總能具體形容老闆們的外表特徵、髮型甚至口音。最重要的是東三水街市場「離家很近」，爬完山、帶著裝備，依然能在回家路上，將今晚所需一次採購完畢。

食材

豬小排肉　適量
大豐魚丸炸芋頭　一包
蒜頭　適量
大蔥　適量
米酒　適量
鹽　少許

製作方法

1 將豬小排肉和大蔥加入醬油和米酒醃漬。
2 蒜頭拍碎，與豬小排肉、大蔥放入氣炸鍋。
3 在氣炸鍋內噴上一點油，再以 200 度氣炸食材 10 分鐘。
4 將所有食材放入湯鍋中，加水淹過食材，大火燉煮。
5 若不希望芋頭在湯中化開，可較晚再將芋頭放入湯中。
6 煮滾後轉小火燉煮 10 至 20 分鐘即完成。

其他佐餐食物

鹹水雞

採購市場↓東三水街市場

推薦居家常備罐頭：日光牌花胡瓜

採購市場→東三水街市場

阿秀雞肉熟食店（攤號：東 000 攤）

雖然招牌只寫土雞莊，但熟客們都稱老闆為阿秀，熟食鹹水雞以及充滿膠原蛋白的滷雞腳，既方便又好吃。

市場記憶

沒有制式的品牌標誌，沒有「請支援收銀」的廣播，也沒有可以刷卡的機器，卻能找到連鎖商場難以找到的特殊食材、私藏的料理秘訣，與熱情問候近況的關心，這是傳統市場的溫情與價值所在，也是深入認識地方最好的管道。「市場記憶」透過攤商、住民以及顧客的角度，分享各自的市場經歷與觀察，彙整成為萬華市場的獨特記憶。

文字整理｜柯景瀚　　攝影｜連思博

#聲音

我是在直興市場長大的市場小孩，以前這裡都是矮房子，我們一家七口就住在半樓仔上面，附近鄰居都是做生意的，很理解市場家庭的辛苦，因此更會相互幫忙照應，像是一家小孩生病，另一家的人就載去給醫生看；或是哪一家人先煮飯，煮比較「大鼎」（臺語 tuā-tiánn，大鍋），也會招呼別家小孩先來吃飯。因爲從小有這樣的經驗，現在才希望大家能夠團結，讓市場更好。

直興市場在臺北第一街貴陽街旁邊，早期也叫做入船市場，除了香客之外，還有很多人在這附近往來，所以大家很早開始準備，凌晨三四點就很熱鬧，像是有剁豬肉、雞肉的聲音，碾米廠有長工碾米，各種聲音都有，久了以後，對聲音的感覺神經好像變「大條」一樣，什麼噪音都吵不了我。反而回到彰化老家，晚上太過安靜，一點聲音就被驚嚇到，趕緊跑回臺北。

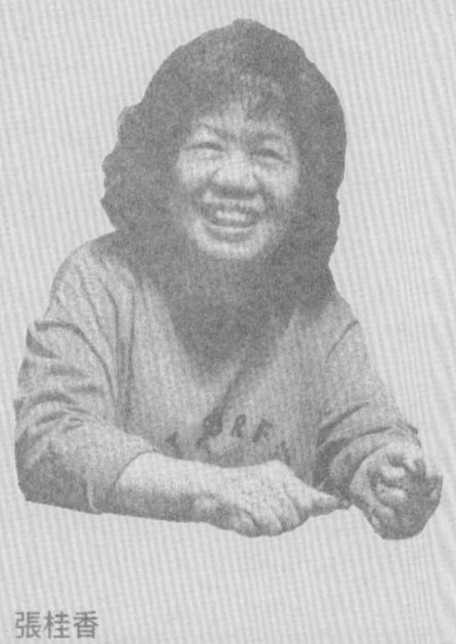

張桂香

就愛咖哩老闆，直興市場自治會會長，努力讓直興市場重返榮光。

人情味

我從五歲開始，就跟媽媽一起上市場，第一次來三水街市場的印象還很深刻，地板是泥濘地，沒有遮雨棚，我在擁擠的人群裡面，緊緊跟著拖菜籃的媽媽。三水街市場是一條市，人不管再多，都得從頭走到尾。過年時節，人潮更是多到擠不過去，因應顧客的購買需求，攤商幾乎是不收攤的，晚上也都只用綠色帆布蓋著攤臺，大家輪流睡覺，天亮後繼續營業。客人手提大包小包，在市場中不好移動，有時候也會暫時寄放在熟識的店家攤位上，如果忘記取回，我們也會貼心地幫他冰起來，等有空再來拿。這也是傳統市場寶貴的地方，畢竟賣場不太可能給你額外服務，甚至像我跟另一半也是因爲傳統市場結識的。

那時候結婚，眞的是一件轟動的大事，幾乎全菜市場的人都有來，整個市場互相熟識幾十年了，老鄰居辦喜事怎麼可能不共襄盛舉！大家從四面八方來到這裡，從臨時的小攤做起，最後定居、落地生根；客人也一樣，以前不敢來，但來一次兩次之後，反而離不開了！

徐義能

新富市場的多餃舍老闆，從設計產業轉行包餃，一包二十多年，水餃鮮甜清爽，不沾醬油同樣美味。

#無菜單料理

算起來我們家族已經在萬華住了八代，小時候我還住在剝皮寮，看那部紀錄片《家在剝皮寮》，有種在看家族回憶錄的感覺。搬家過後，比較常去附近的直興市場，奶奶每天早上都會去市場繞一圈，老人家不用開菜單，就是看今天攤位上有沒有特別或當季新鮮的菜色。有時熟識的攤商也會告訴奶奶，哪些菜最合時令，哪些菜又是今日現採，她就會買一些回來料理。這也是為什麼長輩的冰箱，永遠塞這麼滿，因為他們每天都會上市場，每天都會補貨。

到我這一代，雖然我不擅長煮飯，也不太懂如何挑菜，但只要跟老闆說我想煮的菜色，老闆就會推薦食材和料理方式給我。這樣的關係，就像奶奶上市場一樣，從這些人際交往中，培養和店家的默契，建立自己的餐食知識，而這也是現代生鮮超市難以做到的事情。

陳筱怡
呆待咖啡老闆，萬華老城咖啡香活動發起人，透過咖啡讓人們走入萬華，認識在地文化。

#流動

「你們來的時間正好，再 10 分鐘市集就會出現了！」德安青草店的姊姊，盛著茶，指著街頭對我們說。話剛說完，眼前阿伯們像玩大風吹一樣，瞬間就定位。年初，再訪西昌街賊仔市。這裡像是時空裂縫中遺落雜物的集散地，從年代不明的舶來品，到來源不詳的壯陽藥都有，流動帶來的隱匿性，好人、壞人，可以毫無掩飾的安然融入其中。

我拿起一只胭脂紅大碗看後放下，阿伯笑說：「小姐，你拿起來不買是在耍我嗎？」直率的銷售方式，不愧是萬華氣口。最後，在一個阿嬤的攤子，買到以前很珍惜卻不見的同款古早戒指。不知道是誰掉的，讓我在流動萬華的千萬物件中，意外找回。

黃若潔 Jochieh Huang
喜歡的日常很像臺灣阿伯，飲酒、溫泉、早餐吃小吃、祭典、舊貨市集掏寶。產品設計師，著迷將生活觀察轉譯成物件與體驗設計。jochiehhuang.com

#訊息交換所

以前比較難體會上市場的樂趣，跟媽媽上市場像是出公差，要幫忙提很重的菜。直到開始政治工作後，頻繁的接觸市場，才感受到市場豐富的環境與節奏。也因爲花了很多時間認識當地人，我發現市場是一個很大量的訊息交換所，可以讓你很快掌握一個地方的特性，以及了解民眾最近關心的議題。萬華市場的人際網絡尤其緊密，這裡的攤商大多是在地居民，攤商之間或與消費者都維持長久的關係，是都市中很難得的地方。

雖然很喜歡市場，但也幾乎可以預見市場是一個慢慢衰退的消費型態，以往市場中三十多歲的女性消費主力，現在都從家庭走向職場。如果我們認同市場的文化與價值，那麼就不能旁觀它的衰弱。目前市府決策中，市場一定要朝向現代化——乾淨、整齊，要有統一的招牌、無現金支付。但這樣的現代化想像或許過於單一，市場要的是活化，而不是把它變成同一種樣子。所以我們有直興市場的案例，透過讓自治會向市場處提案，再媒合設計團隊提供專業協助，政府不再只是對市場進行合法與否的「管理」，而是整合各局處資源，公私雙方一起討論出符合在地需求的成果，那會是未來市場活化的新方向。

吳沛憶

臺北市議員，相信讓生活有幸福感，是政治永遠的核心命題。關注地方創生、老舊街區活化、城市文化與美感。創辦刊物《陪你報報》，挖掘臺北隱藏的街區魅力。自許為政治人類學學徒，目前蹲點中，希望能蹲出一些改變。

#氣味

我小時候最喜歡跟媽媽逛市場，那是主婦難得自由的時光，也是我可以跟著媽媽隨處吃小吃，看金魚與巴西龜，滿足好奇心的時光。但走在市場中，也總是有動物內臟血水、發酵爛掉的菜葉……各種味道交雜撲鼻，甚至無論艋舺、永和、士林，都有宰殺野味的攤子，全臺灣就像一個大型野味市場，因此對幼年的我來說，市場既鮮豔又恐怖。

市場是會自己長出來的，拍攝《囧男孩》時，我接觸到新富與東三水街市場，東三水街最初雖是新富的外溢攤販，卻發展出一套清潔與秩序，我最喜歡這種攤商共同營造的有序市場環境，沒有刺鼻的氣息，攤商能保有自己的生意模式，客人也能跟老闆面對面，挑肉選菜，討價還價。

即將播映的新作「天橋上的魔術師」，故事場景是已拆除的中華商場。那長達兩公里的商場建築對我而言，是個有著濃厚外省色彩的大百貨，因為在本省家庭生長的我，第一次吃到「紅油」這個調味料，就是在中華商場的外省攤位裡。

楊雅喆

導演、編劇，曾獲金馬獎、金鐘獎以及臺北電影節最佳導演、最佳影片等獎項，重要電影作品包括：《違章天堂》、《囧男孩》、《女朋友。男朋友》、《血觀音》等。最新劇集為公視《天橋上的魔術師》。

《天橋上的魔術師》劇集簡介

1980 年代，西門町天橋上來了一個神秘的魔術師，與他相遇的人們不只看見了絢麗的魔術，也會遇見自己人生中最初的愛戀、青春期的困惑甚至是家庭的決裂。最終，魔術師讓人們相信了自己的心，成為了自己生命的奇蹟。本劇集已於 2021 年 2 月 20 日 公視、myVideo 同步首播。

《萬華世界》食物創作

湯品

Chef

方柏儼
Po-Yen Fang

蒜〜頭〜家〜

蒜頭雞湯凍、蒜頭泥、去骨雞翅、玉米筍、花椰菜、紅蘿蔔

市場裡的客人和攤主，經過長久的交陪所累積的緊密關係，形成了傳統市場獨特的情感網絡。從市場空間到攤商，再延伸到負責採買的家人，最終透過料理創造出各自的家庭味道記憶，因此，家庭的記憶，與市場連結在一起，而每個人家中的「那一鍋湯」，正是體現市場和家庭精神的核心。對主廚方柏儼來說，這一碗湯就是蒜頭雞湯！主廚以紅蘿蔔片，將雞湯中的食材和蔬菜圍成圓形，象徵一家團圓的圓桌。再以湯凍作爲底，支撐著中間的食材，如同市場支撐著家庭，一環扣著一環，彼此密不可分。最後用蒜頭與鮮奶打成泥，擠花在紅蘿蔔圈外的湯凍上，即使看不到蒜頭，整個湯品還是有著濃郁的蒜香。

主廚｜方柏儼　攝影｜林志潭

青草巷

Herb lane

百草 in 萬華

臺北早期市街發展的歷史，以及周邊廟宇的地緣關係，萬華青草巷是全臺吞吐量最大的青草市集，不只批發乾貨，也販售著每天從淡水、社子、樹林等地採收而來的生鮮青草。鑽進狹窄的巷弄中，無論喝一杯青草茶降暑退火、或驅邪避陰，都能在西昌街 224 巷找到屬於你的一帖青草。

#藥籤奇譚

#草、藥、赤腳仙

#臺灣野草學：絕不草草了事的臺灣之光

#當代青草外服內用

藥籤傳說

文字｜徐立真　攝影｜柯景瀚

在傳統社會，「藥籤」是信衆遇到病痛時，到廟宇祈願求得的慰藉。早期人們會依龍山寺所求藥籤指示，尋找商家抓草藥，寺旁也逐漸出現中藥街與青草巷。然而，當西醫出現、藥事法頒布，寺內收起了藥籤，中藥街規模褪去，反倒是沒有強調藥效的青草巷，得以遺留下來。

也有人另持看法，認爲龍山寺主祀並非醫藥神祇，早期是否眞有藥籤，尚待考證；即便有此傳統，也應是以中藥爲主，而非青草，若以藥籤來推論青草巷的來由，尚需更多證據。

青草巷身世與龍山寺藥籤的關聯，宛如萬華都市傳說。即便說法莫衷一是，但能形成街廓商圈，也得從攤販聚集開始。畢竟從清代就出現在碼頭、市街的勞動大衆，總有疾患、外傷，寺廟不僅能安撫未知的生死，寺旁當然也聚集各類商販，滿足所需。

藥材過於昂貴，青草平易近人；青草攤販懂得功效，能提供舒緩解方。雙方在寺廟旁相遇，也算是受廟宇庇護，攤販賺錢糊口，病患的身、心病痛，也在這過程中得到緩解。

「青草巷」形成規模，已是七〇年代之後。在此之前，日治時期僅有幾間老字號。直到國民政府來臺，因道路拓寬等規劃，分散各處的青草攤販往巷內聚集，加上八〇年代吹起觀光、養生之風，這裡一應俱全的乾燥青草包、清涼青草飲，成爲另類當代藥籤，供各地主顧們外服內用。

百年老店
本產藥材
TEL:23081526
台北市西昌街224巷5號
安青草店
山葡萄
防風
絲瓜水
牛乳埔
內售
鍋鉀
山維蛋
九尾草

藥、草、赤腳仙仔

植物，是漢藥材的主要來源之一。漢藥材與青草藥的不同之處，主要在於前者多已寫入草本書或者醫學典籍，後者則因較爲普及，取得便利，而更具有民間生活智慧的特性。藥用植物除了取得較爲不易，也需經過較爲複雜的炮製處理工序，而不似青草類植物，主要分爲新鮮摘採、乾燥處理兩個形態。

漢藥藥材，包含植物、礦物與動物，知識發展體系源遠流長，包括醫藥典籍記載，與師徒、父子制的傳承。藥材較爲昂貴，且無論是漢醫或漢藥，都較爲罕見，也非一般普羅大眾收入所能負擔。

清代臺灣更是如此，對於渡海來臺求生存的底層民眾來說，即便有醫生、藥行，也是專屬仕紳、官員的醫療資源。聚集艋舺的羅漢腳們，僅能仰賴民間野外隨處可得的青草，以生長在本地的植物爲藥，治療在本地所患的疾病。

遍及全臺各處的青草藥材，爲先民一代代口耳相傳、沿襲使用，卻不存在藥學典籍之中。每家都自有配方與用法，有些家庭會自行採摘、辨識地方的野外植物，進而種植，養成家學傳統，販售配製樣樣行，成爲沿街販售的赤腳仙仔、青草攤販，甚至開設店舖；略懂藥理者，亦有一套應對疾患民眾的方式。而多數大眾，則在有限的預算內，向熟諳此道的赤腳仙、青草店家購買草藥，詢問熬製、沖泡、外用之法。

文字｜徐立真　攝影｜柯景瀚

九尾草
艾草

●臺灣野草學——絕不草草了事的臺灣之光

1 艾草。

●用途：可驅蚊、驅寒、活血、殺菌●用法：可食用、製成熏香、用以泡澡

//味苦　//性平

2 白鶴靈芝。

●用途：可清肝、降火、消腫、解毒●用法：可入湯、煮茶

//味苦　//性平

3 白茅根。

●用途：可清熱、降火、利尿、止血●用法：可入湯、入藥、煮茶

//味甘辛　//性平

4 車前草。

●用途：可降火、利尿、明目、止瀉●用法：可熬粥、煮水

//味甘　//性寒

5 秤飯藤。

●用途：可清熱、解毒、排膿、祛瘀●用法：可入湯、煎藥、搗敷

//味辛澀　//性寒

6 雞屎藤。

●用途：可驅寒、解瘦痛●用法：可煮水、燉粉腸、泡澡

//味甘苦　//性平

7 金銀花。

●用途：可清熱、解毒、抗炎、補虛●用法：可煮水、入湯

//味甘　//性寒

8 蒲公英。

●用途：可清熱、解毒、消炎、健胃●用法：可煮水、搗敷

//味甘苦　//性寒

9 桑葉。

●用途：可散熱、清肺、潤燥●用法：可煮水

//味甘苦　//性寒

10 魚腥草。

●用途：可清熱、排痛、健胃●用法：可涼拌、可入湯，不宜多食

//味辛　//性寒

文字｜劉玟苓　攝影｜林居工作室

1
2
3
4
5
6
7
8
9
10

當代青草外服內用

傳統青草×文明病

傳統青草不是通通都只能熬煮成一杯黑，不同草各自有不同學問、多樣用法，對症下草，目的不在追求治百病，有時候更是一種回歸本身的溫柔儀式。

文｜劉玟苓　插畫｜子仙

熬夜 ↓ 黃花蜜菜——複方青草茶

眼痠 ↓ 紫蘇——紫蘇飲

宿醉 ↓ 香蘭——糖水甜點

消暑 ↓ 仙草——仙草雞

舒壓 ↓ 艾草——藥草球

熬夜

使用 ↓ 黃花蜜菜

製成 ↓ 複方青草茶

當代文明病，首重熬夜。無論是爲事業爲家庭或是因爲人生重擔只能在晚上不睡換取屬於自己的 me time，熬夜壞處衆多，此時來一杯以黃花蜜菜熬煮製成的複方青草茶，淡淡甜味的黃花蜜菜可稍微緩解疲勞、放鬆緊繃神經。

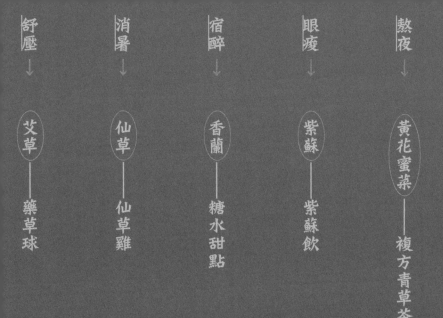

2 眼疲

使用↓紫蘇

製成↓紫蘇飲

「上班看電腦，下班看手機」是現代人生活常規，然而一直沒被放過的是你的雙眼……新鮮紫蘇葉三到五片、看自己愛喝多甜就加多少白糖，放入杯中以開水沖泡即可飲用，當然日常注意觀看螢幕時間還是最重要，但不論成效，紫蘇飲是眞的好喝！

3 宿醉

使用↓香蘭

製成↓糖水甜點

東南亞甜點中時常有一特殊香氣，是來自於稱之為香蘭的香草。以糖水熬煮或切段搾汁後加入甜點中提味，除了可以品嚐到東南亞 Style 甜點，相傳還能解酒、治酒醉，前一晚的酒今日還在醉的你，不妨來一塊香蘭口味的娘惹糕吧！

4 消暑

使用↓仙草

製成↓仙草雞

臺灣天熱時多伴隨濕氣重，身體懶洋洋、腸胃不舒服，或許就是你的身體在告訴你該去去濕氣啦，除了來一杯消暑降火仙草茶，仙草雞也是厲害的去濕氣選項，熬煮多時的仙草雞湯，不僅冬天喝暖身，也適合夏天涼補一番。

5 舒壓

使用↓艾草

製成↓藥草球

艾草除了端午傳統的避邪趨吉，其特殊的芳香，也常用來緩解壓力。臺灣民間會以草藥入浴，鄰近的泰國則有藥草球的按摩法。將香茅、艾草、月桃、澤蘭、大風草、苿草等葉片，填入棉布袋中束起，用滾水將藥草軟化後，針對痠痛部位反覆熱敷，草香伴隨蒸氣，舒壓又療癒。

《萬華世界》

食物創作

餐酒

調酒師 *Bartender*

●Sidebar
鄭哲宇
Soso

味覺設計 *Flavor design*

●胭脂 Yanzhi
王琬萱
Sharon Wang

救苦救難

餐酒由 Sidebar 創辦人鄭哲宇，和胭脂創辦人王琬萱共同創作。首先王琬萱以「苦茶」爲靈感，轉化爲調酒中常用的「苦精」。挑選具有特別香氣的小金英、蒲公英葉、萬點金、百症草等四種青草製成複方，以高濃度酒精浸泡的方式，從葉、莖、根等部位萃取苦味與香氣。比起苦度，她更在意苦味的優雅細長，以及在舌尖、味蕾上豐富的表現層次。

Sidebar 創辦人鄭哲宇，長年鑽研各國以複方草本蒸餾而成的琴酒，本次以數十款青草巷的單方青草汁和風乾青草，結合香氣較爲顯著的茅根、夏桑菊（夏枯草、桑葉、菊花）、老仙草進行蒸餾，完成了純飲等級的「Sidebar 臺灣百味琴酒系列」第二號創作「青草巷」。

調酒呈現上，爲搭配王琬萱精製的青草苦精，並考量到酒精濃度的控制，鄭哲宇以調製馬丁尼的手法，並結合經典調酒 Pink Gin，最後加入 Dry Vermouth（苦艾酒），完成這杯「救苦救難」。剔除一般調酒的酸甜與其他風味干擾，純粹呈現琴酒中的草本風味，將萬華青草巷原本「疾病治療」的功能，轉變爲「心靈療癒」。

調酒師｜鄭哲宇　味覺設計｜王琬萱　攝影｜林志潭

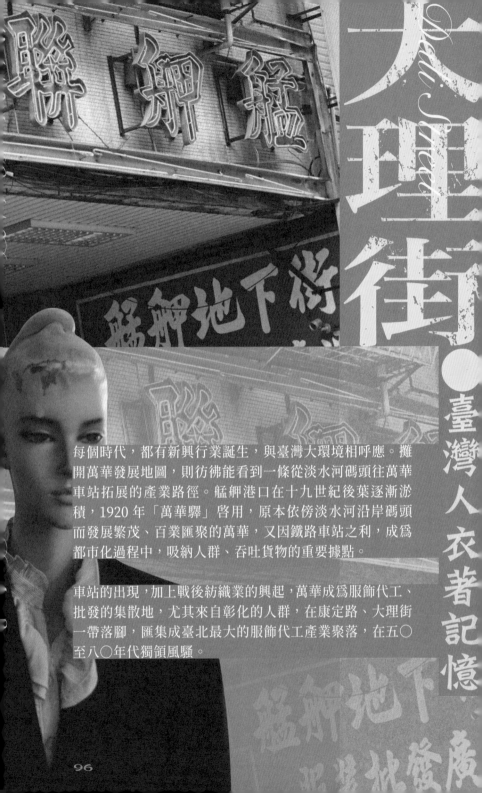

大理街

Dali Street

●臺灣人衣著記憶

每個時代，都有新興行業誕生，與臺灣大環境相呼應。攤開萬華發展地圖，則彷彿能看到一條從淡水河碼頭往萬華車站拓展的產業路徑。艋舺港口在十九世紀後葉逐漸淤積，1920 年「萬華驛」啓用，原本依傍淡水河沿岸碼頭而發展繁茂、百業匯聚的萬華，又因鐵路車站之利，成爲都市化過程中，吸納人群、吞吐貨物的重要據點。

車站的出現，加上戰後紡織業的興起，萬華成爲服飾代工、批發的集散地，尤其來自彰化的人群，在康定路、大理街一帶落腳，匯集成臺北最大的服飾代工產業聚落，在五〇至八〇年代獨領風騷。

#萬華的拼接衣 #移民與產業拼圖

#前店後廠 #批發

#從凋零走向新生的服飾代工街

萬華的拼接衣

五〇年代，民生產業正摸索屬於戰後的運作軌道。隨著大量湧入的中國各省人口與戰後嬰兒潮，衣著需求顯著增加。當時「成衣」觀念尚未形成，多數臺灣民眾仍是到布行買布，回家自行縫製。

大理服飾商圈的起點，目前可追溯至彰化芳苑的洪蔡閃女士，她購買工廠剩餘的「角邊布」，自行加工製成爲「拼接衣」，於萬華車站附近販售，受到往來人群的喜愛。地攤口碑越做越大，成衣店面紛紛出現，自家親戚、家鄉好友，一個拉一個北上幫忙。「洪家班」、「彰化幫」也成爲認識大理街服飾商圈的關鍵詞。

彰化家鄉的店家特色，也帶來萬華。每間成衣行幾乎都有訂製的長條桌，寬闊桌面用來整理衣服，但留有一縫隙，下方連接一個大抽屜櫃，用來塞入紙鈔。生意太好時，還要用長尺將鈔票壓入櫃底，每晚結帳再倒出「錢櫃」內紙鈔，清點結算。

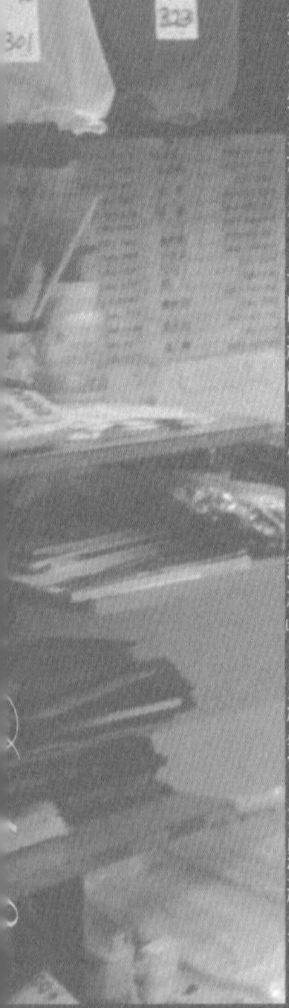

文字｜徐立真　攝影｜柯景瀚

#洪家班 #彰化幫 #拼布 #錢櫃

移民與產業拼圖——萬華的內建世界觀

文字｜徐立真　攝影｜柯景瀚

數百年來，不同人群來到萬華落地生根，創造出屬於這裡每個時代的產業與特色，「大理街服飾商圈」正是一個萬華的獨有關鍵字，也見證臺灣紡織產業與時代的發展。

鐵路車站，串起人流與物流；戰火之後，戰後嬰兒潮世代出生，低價服飾的需求大量出現。在這時空背景下，萬華車站旁的西園路自五〇年代起，開始聚集成衣加工廠。洪家班與彰化幫，可說是中南部人群相揪北上打拼的縮影。

「低價拼接童裝」爲起點，隨著產業愈加蓬勃，轉而使用布匹設計裁製，女裝、男裝陸續出現，1967年左右，成衣店家開始在大理街規模發展，1974年西園陸橋興建，亦間接導致許多最初聚集西園路上的成衣工廠向外搬遷。

1965年左右，戰後嬰兒潮來到尾聲之際，第一批戰後嬰兒也正進入社會，低價童裝市場產業同時撐起供需兩端。七〇年代，伴隨各種國內外政經因素：工資低廉、經濟起飛、就業機會增加、外銷契機……，人們收入逐漸提高，而百貨公司尚未普及，大理街迎來全盛時期，除了成衣製造，也有批發。兩千多間店遍佈大理街、西園路、康定路、和平西路，一棟棟商場相繼興建，地上、地下皆有店鋪，店家紛紛購置店面、居宅，成爲萬華的新住民。

國內外的客人來此批貨，沒有殺價的空間，搶貨屢見不鮮，店家收工時已近午夜，將錢櫃內的百元紙鈔倒在床上一張張攤平，數到睡著，數到抽筋。這是沒有勞基法普及保障的時代，「愛拚才會贏」是八〇年代的普遍信仰，也是後生之輩難以想像的就業環境。

八、九〇年代之交，鐵路地下化、火車站拆除改建、西園路橋拆除……，萬華車站的轉運集散功能，也逐漸被臺北其他站點分散取代，最初隨鐵路而興起的產業聚落色彩逐漸淡去。之後，全臺產業外移

的現象無須贅述，而商圈也轉型以批發零售爲主，有些店家的二、三代，則分割店面開咖啡店，成爲萬華的新風景。

#前店後廠

大理服飾商圈在七〇年代蓬勃發展後，店鋪形式以「前店後廠」爲大宗，兼顧製造與販售的功能。因此店家格局多爲長型，甚至有兩層樓，前方店面用來販售、展示，後方與二樓放置數量不等的縫紉機，製造固定版型與樣式的服裝。生產、批發、零售，都在一間店內完成，這也是大理街與多數臺灣其他服飾商圈的不同之處。

文字｜[illegible]立真　攝影｜[illegible]

#批發

除了前店後廠的店家之外，商圈內還有更多只做批發的店家，型態卻有各式各樣，例如租用樓梯、分租店面，甚至廂型貨車……只要有空間，無論固定或移動都行。這些沒有自家工廠的店家，皆以批發販售爲主，每個店家幾乎都只販賣一種服飾，像是只賣單色 POLO 衫、牛仔褲、男性長袖襯衫，可想見當時店家風格與類型的多樣化。

從凋零走向新生的服飾代工街

追溯臺灣流行文化的淵源，必定得回到1970年代，當時臺灣的經濟結構，正由農業往輕工業社會發展，而帶動產業發展的，正是紡織工業。在政府的大力推廣下，截至1970年，臺灣共成立了十六家人造紡織品生產公司，紡織和服裝也佔臺灣出口總值的31.7%，居外銷行業之首。

由於一件服裝是由各種不同組件構成，從布料、輔料到裁剪、縫製，每個環節都有各自專業，因而服飾代工得以帶動大量就業機會。爲了提升輕工業的動能，時任臺灣省主席的謝東閔，提出「客廳即工廠」、「一金兩箱」的家庭代工運動，以傳統家庭婦女的非典型勞動型態，在打理家事之餘，還能運用裁縫技術，爲產業和家庭生計做出貢獻。

當年，臺北流行服飾最前線，首推中山北路美國大使館周邊的舶來品街，接著是臺北車站商圈，大理街服飾商圈雖位居第三，卻是臺北最大的服裝批發市場，最鼎盛時期，街上人潮擁擠，前來批貨的車輛絡繹不絕，從早一路營業到凌晨兩三點才休息。每年農曆十二月十六日，店家更會把衣服全擺到街上賣，如同迪化年貨大街的服飾版本，讓平常較難服務的散客，來大理街買新衣過新年。

大理街在交通上緊鄰萬華火車站，再加上批發銷售的通路特性，讓大理街能夠以「前店後廠」的形式，發展爲成衣服飾生產的重鎮。經營成衣代工三十多年的洪太太說，大理街最多會有兩、三千間服飾代工行，一棟毫不起眼的公寓裡，最多會有二十多位員工，每天從早上九點開始生產，做到晚上十一、二點，一位縫紉師一天可以縫百餘件衣服，釘扣眼的人員，一天可以釘七、八百件，產量相當大，月營業額高達好幾千萬。而當時的服飾需求量之大，大理街的店家甚至會直接到代工行排隊，等候衣服製作完成。

在此插播一段服裝豆知識。臺灣的服飾代工可分爲

口述｜施靖愷　攝影、文字整理｜柯景瀚

運動盤和百貨盤，運動盤即是所謂的「成衣」，因爲布料通常具有彈性，每位裁縫師只需負責一個組件，縫紉精度要求不高，曾經是臺灣服飾代工的生產主力；百貨盤則屬於時裝線，其所使用的平織布料，彈性較低，車縫錯了無法補救，加上工序多，往往需要車縫師傅一人完成一件衣服，細膩度和技術門檻都較爲吃重。

當年百貨盤的生產模式，大多是老闆飛到國外，或者在中山北路的舶來品街，買國外時下流行款式回來，請打版師拆解、取得服裝版型，再做成可大量產製的「體」（樣衣）。「中組就賺一家大小」是當時人們流傳的話語，意指如果版型挑對，就能賣好幾千件，足夠養活家人。

縫紉如同其他工藝技術，都需經過長時間磨練、累積經驗才能出師，過去的縫紉學徒，臺語稱「囝仔工」，要經過三年四個月的磨練才能出師，從剪線頭、開扣眼、釘扣子開始學起，慢慢的再學習車版（車縫樣衣），因爲動作慢，沒有論件計酬的壓力，車錯了也還可以拆掉重縫。等到都上手了，才正式上線縫製衣服。

只是隨著服裝代工產業外移至中國和東南亞，本地工資提升有限，縫紉師缺乏新血加入，目前多半只剩白髮人繼續在線上生產。雖然個體戶的產量，難以與大型工廠產線競爭，但留存在大理街的服飾代工產業，卻意外地成爲臺灣新創服裝品牌的重要合作夥伴。

新創品牌通常礙於資金壓力，無法如快時尚品牌一般進入工廠端，透過大量生產降低生產成本，且數量少、工序複雜的訂單，通常也不受工廠親睞。大理街這群經驗老到的縫紉師，由於大多已有年紀，無法承接過多訂單，反而與新創品牌一拍即合，如今臺灣許多知名新創品牌的服裝生產，都在大理街完成。此外，大理街由於過去成衣發展的歷程，產業已經形成完整的聚落，供應商與生產端之間相當集中，從裁剪、車縫、上釦洞，到整燙、包裝，幾乎一條街就能將衣服的各個組件製作完成，對新創品牌而言相當友善。

走過產業外移和人才凋零的低谷，大理街又重新覓得服飾產業的立足點，如何傳承師傅們的經驗，並爲服飾產業建立起健全的產業體系，甚至發展出「Made in Taiwan」的生產品質驕傲，是大理街必須面對的重要課題。

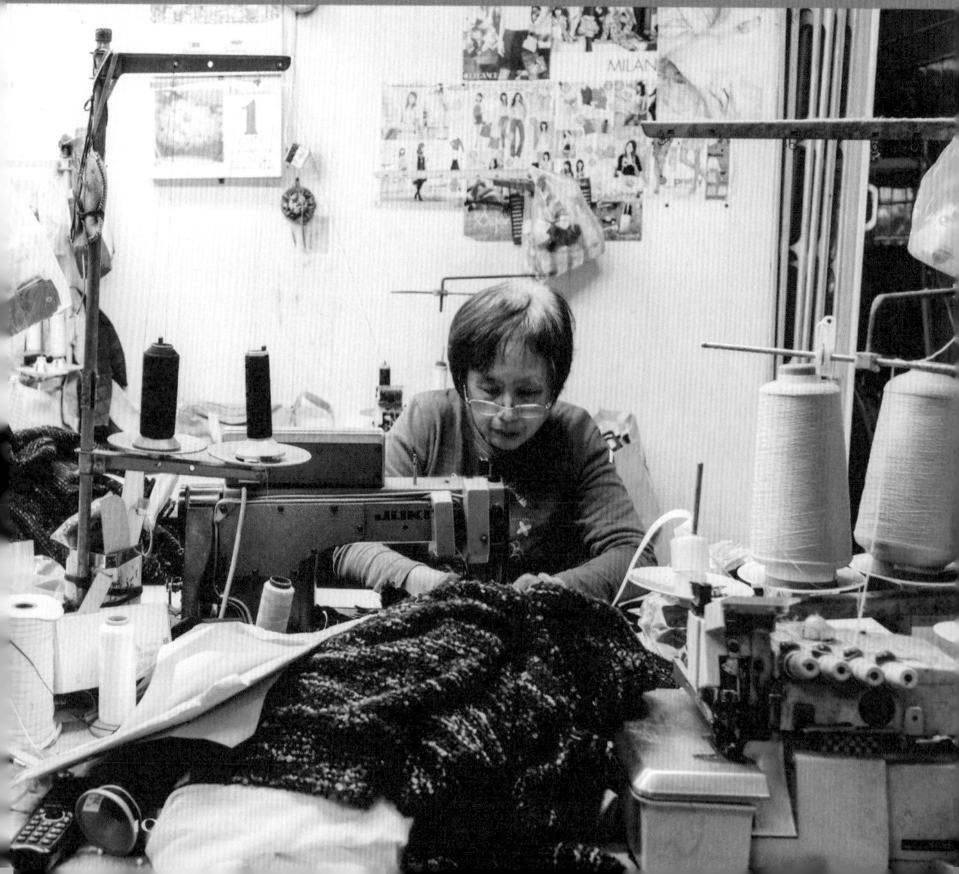

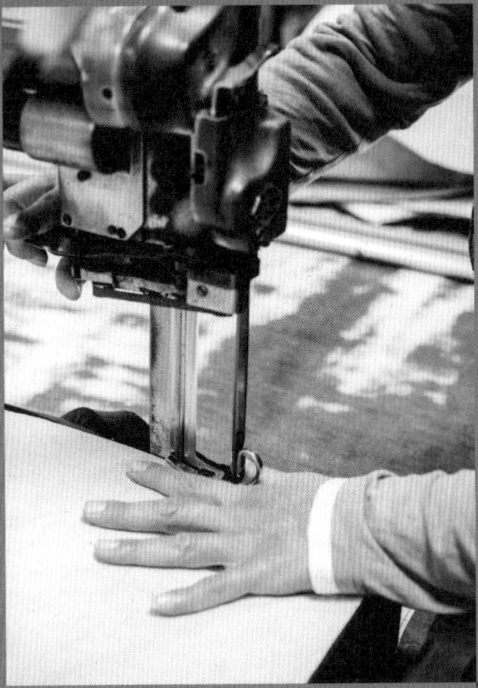

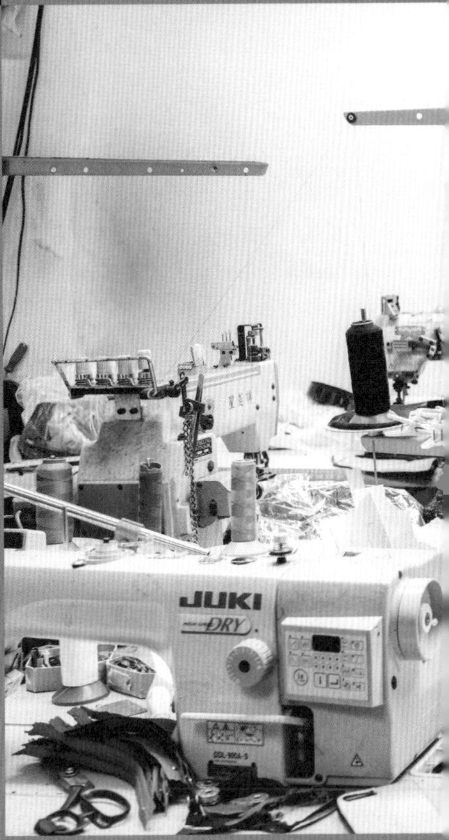
JUKI

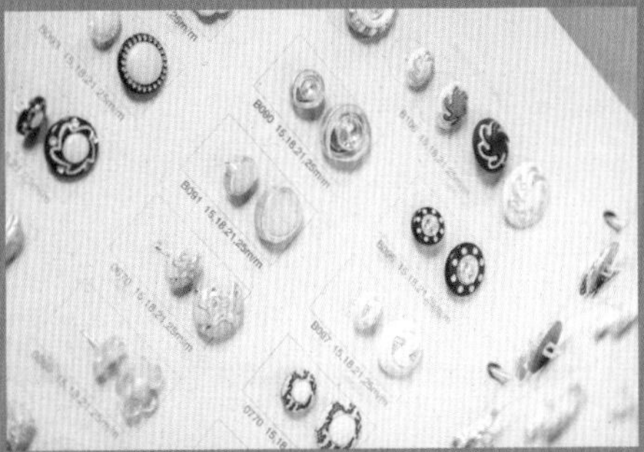

《萬華世界》食物創作

主菜

幫龍蝦穿衣服

龍蝦、鮭魚卵、珍珠豆、綠橄欖醬汁、花瓣麵皮

對主廚而言，大理街服飾商圈的每間店都像是一幅畫，畫框裡呈現不同的布花、圖騰、色彩、金蔥、珍珠等，各種相互爭豔的陳列，構成了他對大理街的印象。以大理街作爲一道主菜，主廚以「萬花」的概念，轉換他進入大理街所感受到的視覺衝擊，把多彩繽紛的食用花瓣加進麵皮，再經過桿麵皮器的壓製，成爲有如布料一般的麵衣。接著再以波士頓龍蝦，代表浮華、貴氣，連結他眼中大理街的主力消費族群的喜好。同時，波士頓龍蝦也是一種船來品，如同現在大理街的成衣款式、顏色、印花都來自國外流行。將花瓣麵衣蓋在龍蝦上，成爲龍蝦的衣服，再佐以鮭魚卵、珍珠豆、綠橄欖醬汁做成的醬汁，澆淋在主菜上，就像出門前戴上珍珠首飾的成熟女仕，爲穿在身上的華服做出完美的妝點。

Chef

方柏儼
Po-Yen Fang

主廚｜方柏儼　攝影｜林志潭

工藝●造神產業鏈

Crafts

人口的聚集，帶來了各族群的信仰，而依附著廟宇的興旺，則又帶起了萬華的工藝發展。

萬華的工藝多是爲神明服務——從雕刻、繡莊、燈籠、佛畫、神印、製香，到供奉神明糕點所需要的蒸籠，如同一個「造神」產業鏈般，讓廟宇得以順暢運轉。這些工藝師傅，投入大量精神與心力，不是爲了自身的藝術成就，而是將一切奉獻給神明，彰顯神威、庇佑地方順遂平安。

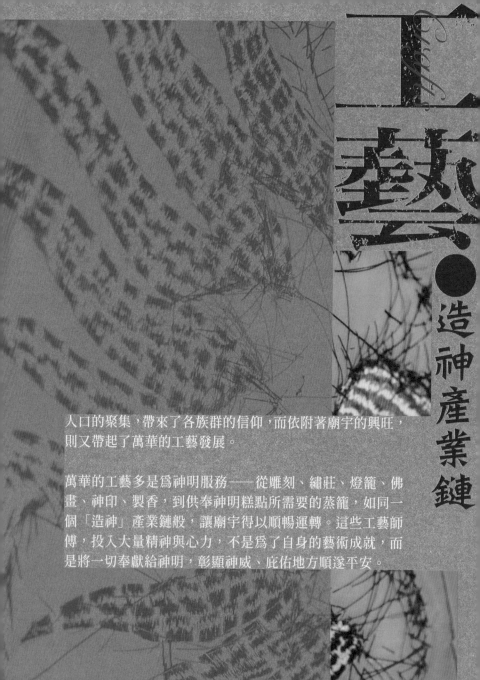

艋舺工藝圖鑑

使用老物的理由

繡莊——神明衣

臺灣刺繡工藝，多承襲中國閩繡，而後發展出在地式樣，體現在色彩、立體、金銀絲線裝飾等特色上，用以敬獻神明。繡莊主要製作神明衣帽、八仙綵、桌幃、繡旗等項目，其中，神明衣更是信眾對神明敬意的體現。木雕神像穿神衣、奉帽、披肩、肚兜，軟身神像則可穿有袖子的龍袍神衣。其底、色和圖樣，皆受其官職、位階所規範，如土地公穿藍底，佛祖使用米黃色，帝君、媽祖、王公則身穿紅底繡龍。

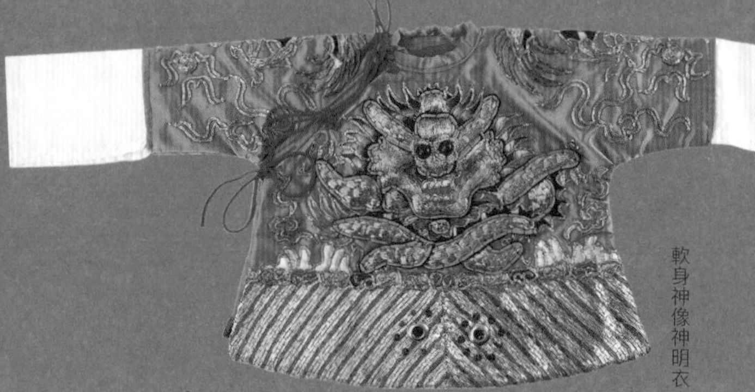

軟身神像神明衣

文字｜柯景瀚
攝影｜林居工作室、Kris Kang

木製神像神明衣

古桌幃

在地店家：

●南新繡莊→臺北市萬華區康定路 131 號 ●錦龍繡莊→臺北市萬華區西園路一段 129 號

神佛雕刻——懿旨牌

臺灣雕刻工藝，大多表現在傳統信仰中，其雕塑風格與早年移民的地緣緊密相關，著名派別包括泉州、漳州及福州等，但經過長時間的技法融合與交互影響，匠師已發展出揉和西方造型藝術與東方信仰風貌的臺灣派木雕風格。除了傳統神佛塑像，諸如祭祀法器、平面立體浮雕，也都在木作雕刻的範圍中。追溯圖像的源頭，《封神演義》文本中對人物形象的描述、鬥法的神器，以及神獸、祥雲等情境，都讓雕刻者有一定的脈絡可依循。

在地店家：

●天德雕刻社→臺北市萬華區西園路一段 22 號

製香——香枝

傳統製香工序繁瑣，需先將麻竹沾水打底，再裹上以二十多種天然中藥材製成的香粉，不斷重複沾黏、甩動線香，使香粉分布勻實，最後乾燥、上色，方至完成。裊裊的香煙是人與神佛溝通的方式，製香過程也需保持敬虔態度，選用平性的藥材，也讓燃燒後的味道更加溫和、澄淨。早年因磨礦技術尚未精良，香粉顆粒較粗、呈自然黃褐色，反而成為最傳統的線香模樣。

在地店家：

●老明玉香舖→臺北市萬華區貴陽街二段155號

佛具——燈籠

燈籠在傳統文化中，因爲燈與「丁」的發音相近，家戶吊掛燈籠有祈求添丁的意涵；而廟宇掛燈籠，則有迎來光明，祈求平安之意，也是繞境和迎神賽會的必備物件。如龍山寺的中元盂蘭盆勝會，便是在河畔豎立起高聳的水燈牌，希望指引水中孤魂上岸參加焰口施食。燈籠上的字樣，皆由手工書寫，標示其所屬的廟宇或主神。

在地店家：

- 三寶神明用品→臺北市萬華區內江街 168 號

刻章——神印

廟章和神明印章爲廟宇所使用的印章，印面通常爲正方形，印章尺寸越大，通常代表權力、規模越大，具體尺寸和材料則依照神明指示，或依有標示吉凶的「文公尺」來選擇。而在刻製神印時，有一說印刻者必須要有加持及佈局，結合了風水、五行、五術、甚至紫微斗數等玄學知識，才能賦予神印法力。刻印完成的神印如同神像，因有神明進駐其中，不可隨意拍攝。

在地店家：

●福印堂印刷開運神印→臺北市萬華區西園路一段 123 號

使用老物的理由——萬華工藝生活空間提案

萬華的古物與傳統工藝，除了信仰用途之外，是否還有其他介入當代生活場域的方式？「使用老物的理由」邀請三位對空間及陳列深具想法的創意人，在不同的空間尺度中，從氣味到環境擺設，激盪出另一種使用傳統物件的想像，挖掘出再次踏入萬華尋寶的理由。

文字｜柯景瀚
攝影｜Kris Kang

住宅feat藏香

對我來說，香可以爲你的生活添加氛圍，它是依附空間所存在的。比方說你已經在家中陳設出一個景，加上香氛的味道之後，會讓空間的感受更加完整。也因爲自己有燒線香的習慣，所以在逛古物市集的時候，也會特別爲家中挑選適合的香座。器皿外觀我偏好造型不複雜的物件，或者自然的素材，希望在空間中不佔據太多的份量感。

生活中我會使用三種類型的香氛產品：線香、聖木或鼠尾草，以及精油。線香比較具有宗教感，適合在早晨使用，容易讓人醒過來；聖木和鼠尾草的作用在於淨化空間，讓空間變得中性；精油的情緒比較豐富，我會在晚上使用。味道方面，我個人喜歡中性、木質、草本，不帶太多花果香氣，能夠讓人的情緒維持沈穩。

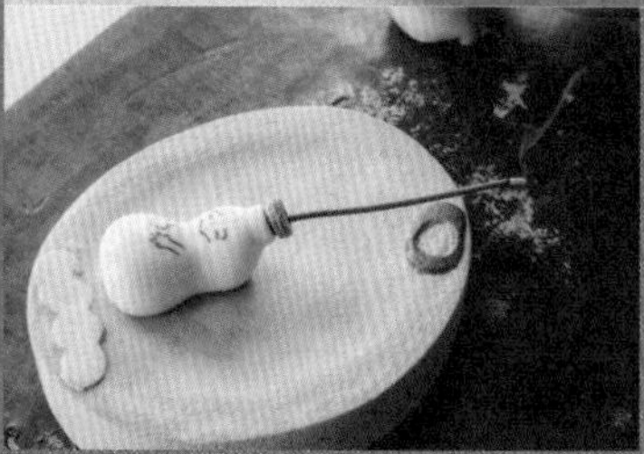

陳易鶴 Van Chen

好氏研究室總監，趨勢觀察家、品牌形象顧問、商場形象顧問等要職，著重作品、空間與人的呼吸與對話，對裝置藝術、商業空間與精緻飲食見解獨到，近期出版獻給大人的美感工具書《美感努力運動》。

陳設所 feat 古物

用「故事」來陳列是很有意思的，會讓物件不只有形態上的美，還具有主題與脈絡。這次的陳列主題，我設定爲「萬華家族喜宴」，這個主題並不是一開始就想到，而是實地採集之後，從我遇到的各種生活物件中，逐步建構出的內容。

我在空間中央擺上大理石桌和兩張藤椅，桌上放著洋派老電話、給公婆喝茶的杯子，以及呷甜甜的陳皮梅。一旁的玻璃器皿中，插上青草巷買的蘆薈，以及俗到不行的塑膠花；藤製的小包、藺籃與編織花瓶，都深具臺灣味，這樣的空間狀態，再擺上與結婚毫無關係，單純只是因爲可愛就買了的一對木製雞，也絲毫不覺得突兀。整體而言，就像一個具有一定家世背景的萬華家族，舉辦喜事時會出現的場景，親戚齊聚一堂，邊嗑瓜子，邊聊舊往，俗美且熱鬧。

Lsy Sophie
陳列設計專家，2017 年成立棲仙陳設選物所，除提供文藝交流空間，也擔任品牌視覺陳設顧問，推廣陳列設計與日常選物等相關知識。

銀座聚場旅店 feat 織繡

銀座聚場所在位址，日治時期曾經是商店街，有書店、澡堂、食堂等設施，戰後臺灣人接手，於1957年，才增建了現在所見的拱廊型建築，一樓作爲店面使用，經營布莊、百貨行和服飾訂製，二樓以上則是生活起居空間，整座商店街混搭了不同時期的風格，空間深具魅力與特色。因此在打造空間時，我們先邀請了文史顧問進行田野調查，希望從歷史脈絡中，找到空間修建的線索，創造環境的流動性與聚集的親密感。

我對萬華的印象是生猛的，有種「不屬於此處」以及「必須遵守規則」的威嚇感，不過一旦被認可後，它又會敞開心胸，把你當做自己人般的交流。這幅手工立體浮繡桌圍也有相似的氣質，細膩的刺繡工藝與傳統的紅金配色非常搶眼，作爲藝術品收藏時，在裝飾性較強的二樓空間中，與其他風格強烈的檯燈、水晶燈搭配，反而能鎮住桌幃的氣場，創造出另一種平衡感。

邱承漢

高雄人，喜歡拍照也喜歡寫字，更喜歡真誠的人，以高雄鹽埕為據點，2011 年將外婆起家厝改建為叁捌地方生活，2020 年修建銀座聚場，用幽默感及設計參與社區，過著返鄉但持續流浪的生活。

《萬華世界》

食物創作

甜點

粉涼

地瓜粉、麵茶

虔誠與專注是工藝的共通精髓，萬華的工藝雖各有不同，但其目的幾乎都是爲神明服務，師傅也保持著虔誠的心意進行著工作。主廚廖盈淇將貴陽街上依循古法製作、幾近失傳的甜點——涼粉，透過重新演繹，來傳遞她所看見的工藝精神。

涼粉起源於日治時期，是以地瓜粉和水熬煮後，入模、凝固成半透明塊體，最後撒上麵茶粉製成臺灣式蕨餅。甜點主廚廖盈淇調整這套甜點的工序，將麵茶改爲甜點主體，首先保留涼粉食用過程中的冰涼體驗，將麵茶粉混入西式鮮奶油中攪拌，再入模冷凍成塊狀雪糕。由於打發的鮮奶油會飽含空氣，經過冷凍的麵茶雪糕，口感輕盈蓬鬆，入口卽化。而原本的主體涼粉，則透過風乾，變成一個透明、奔放有機，可盛裝甜點的器皿，不規則的波浪線條，也跳脫既定對盤子、器皿的形體想像。方形的麵茶雪糕，擺放在半透明可食用的器皿上，不只呈現出嶄新的堆疊層次，也重新詮釋出不同於以往的涼粉版本。

Chef Pâtissière 廖盈淇 Jessy Liao

甜點主廚｜廖盈淇　攝影｜林志潭

花街

Hanamachi

●艋舺銀座繁華地

「艋舺銀座繁華地」這句話，是日本人來到艋舺後，用來形容貴陽街與西昌街口車水馬龍、百業匯聚的熱鬧景象。據說這裡當時是臺北最富裕、最繁華的市街。

從這街口往西走，約莫三百公尺不遠處，即是大溪口碼頭，也是最多船夫、苦力、娼妓所聚集的區域。今日所謂污名與春色所在，正好是地方發展的起點，熱鬧華美、川流不息，人們的一切需求，都能在這如銀座般的繁華地，得到滿足。

#遊廓 #女給 #娛樂遊船

#茶室裡的「純」田野考察

#姐唱的是人生

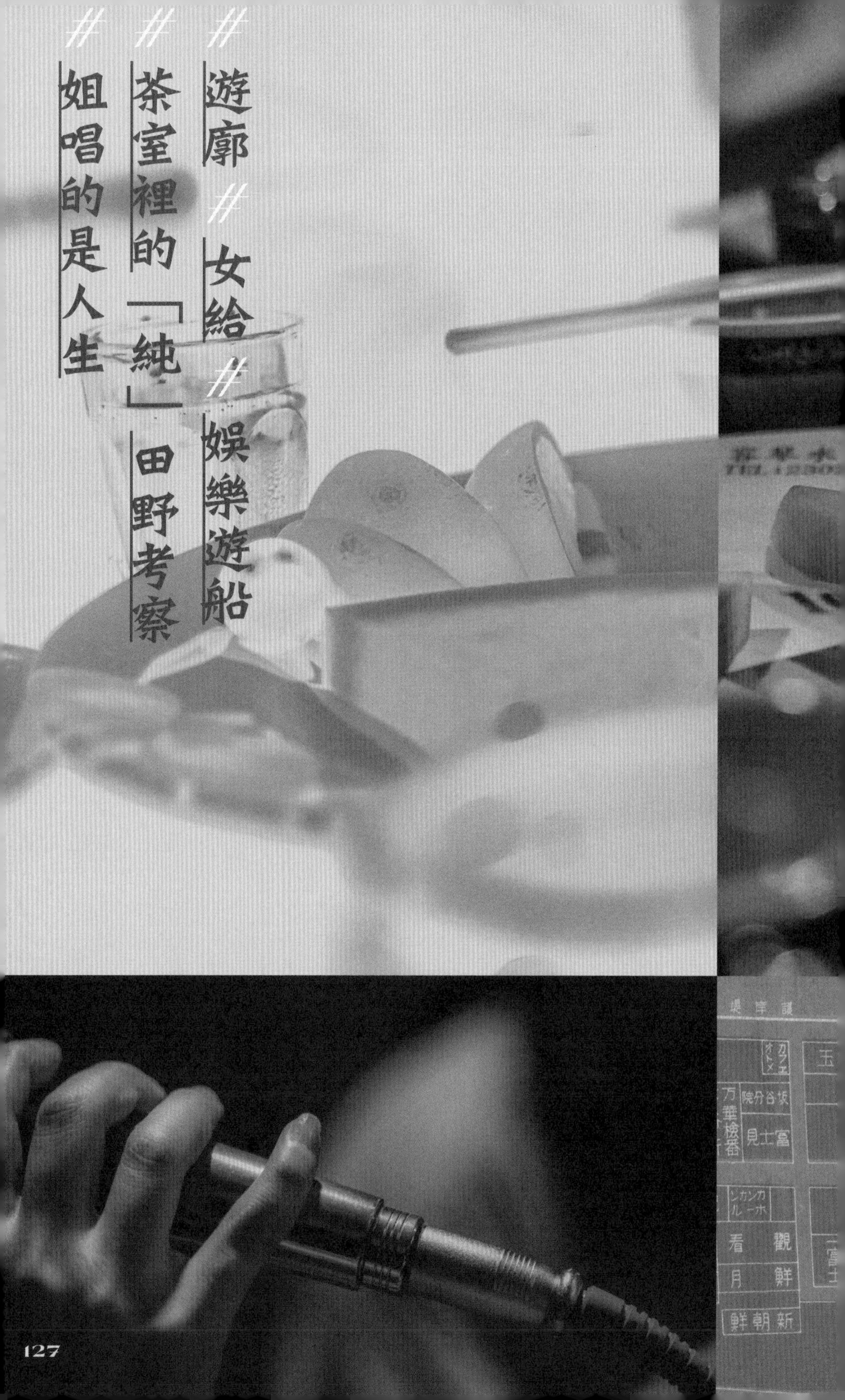

#遊廓

自道光年間起，艋舺就有不少妓院與娼寮；日治時期，政府將蕃薯市街改名歡慈市街，將凹肚仔街（華西街北段西角）與歡慈市街一帶劃入「遊廓」（即性產業專區）。客群從來自中國東南沿海的船夫苦力，轉變爲獨身來臺的日本男子。

「艋舺遊廓」可視爲臺灣公娼制度的起點，然而遊廓內有一百多間不同店型，包含酒樓、料亭、食堂等，也是日本人在臺北的主要聚集區。日治時期第一間妓館「初音亭」開幕於1896年，而三層洋樓式的「和泉樓」（後稱青雲閣、醉花園）則是該時期規模最大的藝妓樓。

#女給

據說全盛時期，遊廓內的藝妓、娼妓高達六百多人。然而放眼艋舺的女給服務生，並不僅於此區，還有淡水河上的娛樂酒菜船，商人雇用一群女性服務生，在船上販售日式料理，以及酒席菜餚。

#娛樂遊船

艋舺淡水河口自清代開始，就是北臺灣著名的景點之一。據專家考證，1929年日本人在碼頭外經營可擺設四十桌的「牡蠣船」水上餐廳，而後更有兩層樓高的「剛都拉號」遊船，提供西餐服務與西樂隊表演。娛樂遊船照亮淡水河面，波光粼粼，閃耀整座艋舺。

文字｜徐立真

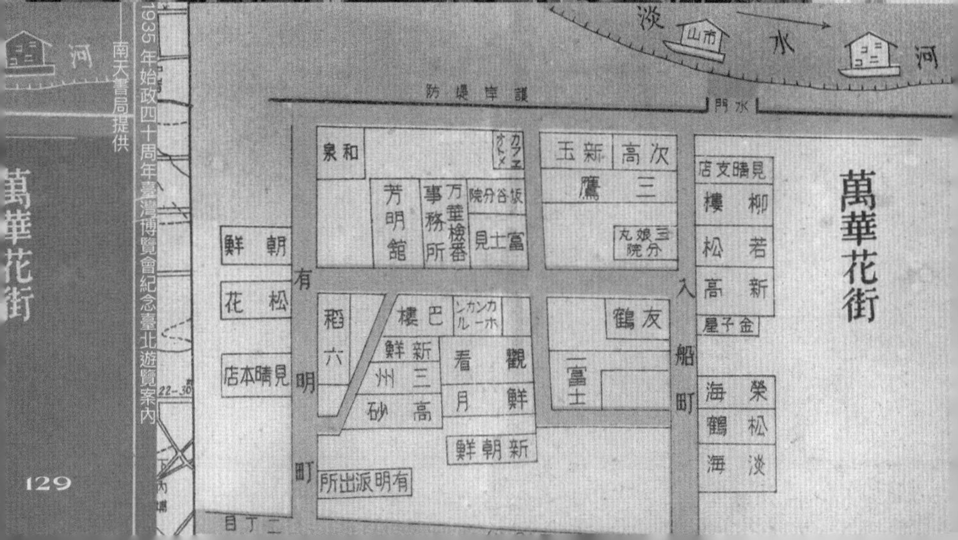

1935年始政四十周年臺灣博覽會紀念臺北遊覽案內
——南天書局提供

萬華花街

茶室裡的「純」田野考察

文字、攝影—李政道

跟著老司機，初次踏入西昌街的茶室夜場，無論客人或者小姐，都是新鮮體驗。雖然緊鄰熱鬧的廣州街夜市，但西昌街裡的氣氛有著微妙而顯著的差異，舉列各項觀察成果，眞實與否，有待各位親自前往驗證。

高粱兌水

高粱酒經典不變的品飲公式，首推陳年高粱（58度的尤佳），套舒跑鹼性離子水，在公桶內將冰塊加至七分滿，酒水比例約為1：2。喝酒的步調要看身邊朋友，有時像馬拉松、有時又像百米賽跑，開場時多半衝刺，一杯接著一杯在遊戲中、認識中、乾笑中、唱歌中，巧立各種名目一飲而盡，爾後戰力不足就會放慢腳步。不勝酒力，酒品又差的人每天都有，咬著檳榔、看似和藹可親的領（圍）班（事）大哥們，隨時備戰，準備各種危機處理。

廣播器

包廂裡面不時會有廣播，點名姐姐們要到哪個包廂去報到，俗稱「轉檯」。聲音是以一種命令語氣，沙啞而沒有感情的說道：「甜甜、星星、嬋嬋、香香、喬喬，到206包廂報到。」走過去的年齡跨距非比尋常，有妹妹，有姐姐，也有阿姨，坐在阿姨身邊，會有種「被照顧」的感覺。

轉檯

包廂的小姐來來去去，幾杯酒前離開的姐姐，可能在你唱下一首歌時又推開門進來。她們隨身帶著一張轉檯單，上面寫著今晚去過哪幾個包廂，作爲下班時跟店家確認之用。在情景紊亂的包廂中，這無疑是她們展現清醒功力的證明，問姐姐要如何知道轉檯的時機，她自豪的瞇起眼睛說：「自己要會觀察啊，久了就知道！像有時知道今晚有兩組熟識的客人會來，那就要有技巧的錯開時間，不要讓客人覺得妳是爲了其他包廂而離開。」

小費

每次少爺進門，遞熱毛巾或送水果盤時，都需給一點小費感謝服務。這裡的小費面額不大，大多以一百元爲單位，但一整晚下來，給出一、兩千塊也不奇怪。小費的索取跟給予，是一種遊戲，小姐們不會直接跟你「要」，會從培養感情、還有「才藝表演」做起，不管是多聊天、唱歌好聽，或是爲你剝蝦、盛湯、餵水果，到點菸、倒酒，都是小費的突破口。

水果盤

眞是令人意外的好吃！從不覺得在這樣的場域會有好吃的水果，姐姐們會拿水果餵你吃，鳳梨、楊桃、奇異果、西瓜……，冬季能吃到又鬆又甜的西瓜顯得很不合理，閃爍的旋轉霓虹燈打在水果盤上，有點擔心這是甜蜜又讓人上癮的毒藥。

歌單

原以爲花街裡唱的多半是臺語歌，其實隨著中國女子的到來，點歌機裡多了許多中國流行歌或抖音歌曲，甚至有專門提供中國歌的「中國新創事業」店家出現。姐姐、客人們歌聲水準參差不齊，每天在這裡上班，學會忍耐酒客們無情的歌聲摧殘，其實是一份情緒勞動相當繁重的工作。小姐們手機裡也有「點歌 APP」，當客人說想唱哪首歌時，她們只要打開 APP 搜尋，就能報出歌號，按遙控點歌。

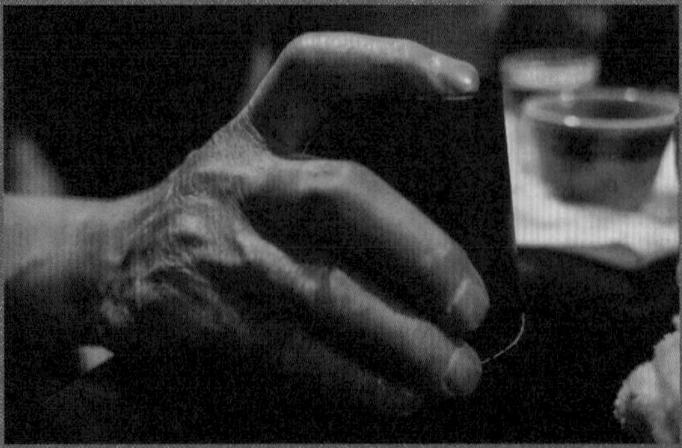

歌曲也是 BGM

包廂中的歌曲，無論音樂或 MV，都與一般 KTV 有些不同，例如爲了規避版權，MV 被換成了清涼辣妹在海邊奔跑，增加更多的遐想空間。每首音樂一下，也沒有搶麥克風，或是相互推託的客套，因爲酒過幾巡之後，一首首歌曲都將成爲背景音樂，烘托人客與小姐們嬉笑打鬧的聲音。

姐妹各有故事

臺灣的姐姐，聊起天來熟悉自然，也有口音一聽就是來自遠方省份的女子。一位臺灣的姐姐準備退休，孩子都已結婚成家，自己也好不容易存了一點錢，每日奔波的作息終於可以告一段落。來自重慶的妹妹則開玩笑說，「我們已經『獨立』了，別再說我們是四川人。」雙關的擦邊球，讓大家都笑了出來。來自臺灣、中國的姐妹，有的互相支援，有的不打照面，全憑各自的職場本領與經驗。這是萬華一種當代產業的樣貌，沒想到也如過去每個時代，吸納了外地的人群，紛紛在這謀職、生活。

●姐唱的是人生

文字、攝影—李政道

歌本裡的歌名，都是姐妹們的故事與體會，〈愛不對人〉、〈繁華攏是夢〉、〈爲了十萬塊〉、〈含淚跳恰恰〉……，有時一首歌就是一個人一輩子的縮影，有時一輩子則浮現出好幾首歌。

包廂裡有一個姐姐，或者更準確的說，應該是阿姨——玲玲，她從四川來到臺灣已經二十五年了，第一次偷渡，被遣送回老家，不甘心，又偷渡了第二次，上岸時，還一度在海中游泳。問她爲什麼這麼喜歡臺灣？「習慣了吧，回去要做什麼？」後來，她嫁給一個會打老婆的基隆男人，還好對方很早就走了。

看到姐姐年輕時候的照片，做鬼臉吐著舌頭，背景畫面從國父紀念館、中正紀念堂、陽明山、日月潭，臺灣的知名景點她都去遍了。手機相簿裡還看到她平常做的菜色，問她四川人吃臺灣的食物吃得慣嗎？「你們愛吃辣的啊，居然還有辣的青椒！在環南市場12號菜攤有賣。」若問哪邊才是她的家？或許她會說，能過日子，能生活下去的就是家。

「繁華的夜都市～燈光閃閃爍～迷人的音樂又響起～引阮想著你～」跟姐姐乾了一杯之後，耳邊響起了玲玲的歌聲，是金曲的嗓音，搭配毫無違和的臺語唱腔，唱著屬於她人生的歌。

歌曲	演唱者
繁華攏是夢	陳美鳳、伍浩哲
好想你	四葉草
最炫民族風	鳳凰傳奇
叫著伊的名字	江蕙
畢竟深愛過	六哲

《萬華世界》

食物創作

甜點

Chef Pâtissière

廖盈淇

Jessy Liao

繁華攏是夢

花街的體驗，跳脫日常生活實境，如夢也似幻。因此，「泡影」是廖盈淇爲花街作一道甜品的核心概念，她以稍縱即逝的泡泡加以詮釋，在泡泡的頂端，放入各式華美的食用花，呼應花街表面上的美好，接著再灌入以高粱爲主體的泡沫慕斯，呈現歡場充斥的酒香，最後再放入各種水果，呼應茶室桌上常見的水果盤，爲這道甜點襯托出酸甜的口感。然而，畢竟這道甜品的主體是泡沫，儘管外觀絢麗、繽紛，放入口中後卻會瞬間消融，顯得一切是多麼虛幻而飄渺，如同老一輩人說的：歡場無眞愛，出了店門，剛剛所發生的一切，都只是短暫的幻夢。

甜點主廚｜廖盈淇　攝影｜林志潭

萬華約會指南

Monga date guide

往西城走，探究臺北城區發展的起點，龍山寺、青草巷、華西街，再更深入尋常的市場和在地店家，融入當地人的生活步調，跟著阿姨採買衣服，品嚐地道的傳統廟埕吃食，這個約會行程不有趣也難。

●攝影↓鄭弘敬 ●造型↓譚雅心、林特 ●Model↓Hippoly、謝乙嘉 ●文字、編輯↓柯景瀚 ●助理編輯↓Ken

13:00

新富町文化市場

→臺北市萬華區三水街 70 號 10:00－18:00 週一公休

前身為「新富町食料品小賣市場」，建於 1935 年，臺北同時期的公設市場皆已拆除改建，僅剩下新富市場完整保留。建築風格簡潔現代，外牆以洗石子覆面，獨特的馬蹄形平面與中央天井，更是走訪新富町不可錯過的景色。內部除有常設展覽外，也有明日咖啡 MOT CAFÉ，供給飲品與在地餐食。

事務所與宿舍舊址

位在新富町文化市場基地東北角處的獨棟木造日式建築，過去是市場管理員的辦公及宿舍空間，內部空間明確切分出公私兩種動線，事務所出入口朝西，便於攤商洽公，北側則為居住單元的獨立出入口，可讓居住者保有生活隱私。

大理街服飾商圈

→ 臺北市萬華區大理街 10:00 – 21:00

曾是臺北最大的成衣批發商圈，經營二、三十年的店家，仍維持著獨到的選衣品味，在服裝流行不斷往復古靠攏的當下，來大理街挖寶、挑選服裝搭配單品，成為一件迷人且饒富趣味的事。推薦店家包括鳳衣美、雅美服裝行，專營內睡衣的老萬昌，有許多物美價廉的優質款式；獨棟的艋舺商場，以及隱藏在B1的地下商場，也值得一探。

13:40

雅美服裝行

→ 臺北市萬華區大理街55號 10:00 – 21:00 週日公休

來自彰化芳苑的老闆，有一口濃厚的海口腔，店內保留從彰化帶來的「錢櫃」習慣，收款時將千元大鈔投入狹長的錢孔中。批發的客人從宜蘭、桃園到臺中沙鹿都有，大多是經營菜市場早市的商家。店內以女裝為主，款式繁多，值得細細翻找。

上圖

男｜外套：法國工作外套、orSlow Type One 打褶牛仔夾克、長褲：Universal Overall 直筒寬褲（Groovy Store）、棒球帽：EVERYDAY OBJECT apparel by SYNDRO

女｜內搭洋裝：雅美服裝行、帽：The H.W Dog&Co. 貝蕾帽（Groovy Store）、皮鞋：chenjingkai office

丸花豆倉

→ 臺北市萬華區永福街 79 號 12:00 – 18:00 週二公休

穿過老松公園，就會見到這間被植栽包圍的咖啡空間。丸花豆倉為咖啡專賣，店主悉心挑選咖啡生豆品種，自行烘焙成適宜的焙度，提供多種沖煮方式。此外，店內也有一款隱藏甜品「花丸」，帶有伯爵茶的香氣與布丁的口感，非常適合搭配咖啡享用。

15:30

莽葛拾遺二手書店

→臺北市萬華區廣州街152巷4號 10:00－18:00

由百年閩式樓仔厝改建而成的二手書店，外觀的磚瓦、木門，與室內斑駁的牆面，都讓整座空間深具雅緻古意。店名取自萬華的舊名艋舺，希望將被遺棄的珍貴之物，與眾人分享。除了二手書買賣，店內也販售黑膠唱片、古物藝品、字畫及老照片。

17:00

男｜外套：THE NERDYS 短版口袋夾克、長褲：UNIVERSAL OVERALL x GROOVY STORE 工作褲（Groovy Store）

女｜外套：orSlow Type One 打褶牛仔夾克、長褲：UNIVERSAL OVERALL 側口袋吊帶褲、皮鞋：chenjingkai office

18:00

艋舺清水巖祖師廟

→ 臺北市萬華區康定路 81 號

入夜後，祖師廟旁的清粥小菜，會在廟埕擺上紅桌，讓客人在廟前吹著晚風享用晚餐。如果遇到天候不佳，外頭的阿波伯楊桃汁可不會輕易打烊，買杯楊桃汁混紅茶，加入遵循古法醃漬的楊桃乾，口味清爽且酸甜適中，無論冰熱都順口。

艋舺食客 *Eat-up Guide*

文字—蔡耀徵、柯景瀚
攝影—蔡耀徵、鄭弘敬、柯景瀚

← 貴陽街／青山宮、清水巖

一肥仔麵店

→貴陽街二段230號之1號 ⏱09:30－15:00 週三公休

創立於1950年，目前已是第四代經營，福州乾麵、豬油拌飯、紅燒肉都是著名且傳統的古早味，清水巖更有分店，販售燒烤等下酒良伴。

推薦品項：福州麵

涼粉伯

→貴陽街二段202號 ⏱10:00－16:00 週一公休

涼粉是日治時期流傳下來的手藝，以地瓜粉加水熬煮，直到黏稠有彈性後，冷卻塑形成半透明塊狀，食用前加入自家炒的麵茶粉，口感軟Q而香氣濃郁。

推薦品項：涼粉

一甲子餐飲

→康定路 79 號 ◷ 09:00－19:00 週日公休

不管是焢肉飯、刈包、碗粿都是萬華老字號的人氣小吃。其中刈包裡的內餡肥肉入口即化，平常不太敢吃肥肉的客人都能夠一口接一口。

推薦品項：刈包

祖師廟口沙茶牛肉大王

→貴陽街二段 115 之 17 號 ◷ 09:00－17:00 週四、六公休

依著祖師廟廟埕川廊經營，透早九點即開店，點一碗白飯，一盤大火熱炒的臺灣黃牛肉，口袋有餘裕時再來盤炒牛腦，配上臺啤，就是純正的萬華飲食體驗。

推薦品項：炒牛肉、炒牛腦

180度C日式蜜酥雞排

→貴陽街二段 77 號 ◷ 15:30－00:00 週日公休

乍看與一般的雞排攤販並無二致，但總是大排長龍的超大蜜酥雞排，酥脆外皮包裹厚實的雞肉，秘訣在於老闆的獨門蜜汁，沒有排隊等個幾十分鐘是吃不到的。

推薦品項：蜜酥雞排

陳冰商號

→康定路 79 號 營業時間依粉絲專頁公告為主

由萬華在地青年經營，在老美力 80 的機車後座釘上木箱，賣起傳統袋裝紅茶冰，使用老店手工的冬瓜糖熬煮紅茶，碎冰中加上檸檬片，尾韻酸甜透心涼。

推薦品項：紅茶冰

阿波伯楊桃汁

→康定路 83 號 ◷ 11:00－19:00 週日公休

以古早味醃製的阿波伯楊桃冰是從 1960 年代就在大稻埕營業的老店。除了冰品之外，櫥窗裡還有鹹、甜兩種口味的自製楊桃汁可供選擇。

推薦品項：鳳桃汁套紅茶

永富冰淇淋

→貴陽街二段 68 號 ◷ 10:00－22:00

以傳統口味冰品聞名的老店，提供李梅、桂圓、花生、芋頭等八種口味，口感軟綿滑順，飯後吃一碗，不僅美味更能解膩。

推薦品項：三色冰

華西街珍果

→華西街 113 攤 ◷ 13:00 – 01:00

玲瑯滿目的新鮮水果擺滿櫥窗，不管請老闆幫忙打成果汁、做成冰品，或是直接現切成水果拼盤都是華西街裡的傳統好味道。

推薦品項：柳丁原汁、番茄切盤

阿猜嬤甜湯

→華西街 3 號 ◷ 15:00 – 20:30 週四公休

坐下不看招牌就點一碗花生湯泡餅，是在地人的地道作風。紅豆湯圓清甜不膩口，豆體鬆綿而不軟爛，無論再飽都要來碗甜湯，才算完美收尾。

推薦品項：花生湯泡餅、紅豆湯圓

昶鴻麵點

→華西街 17 號 ◷ 12:00 – 20:00 週六、日公休

湯頭以大骨熬製，加入蔥段、老薑與飽富軟筋膠質的嘴頰肉（又稱菊花肉），口味濃醇清甜而不油膩，現煮的麵體軟硬適中，深具誠意與古味的經典麵食。

推薦品項：菊花肉麵

小王煮瓜

→華西街 17-4 號 ◷ 09:30 – 20:00 週二公休

連續兩年獲得米其林必比登推薦的小王煮瓜，湯底經過大骨熬煮數小時，再加入日光醬瓜以及豬後腿肉製成的肉羹，是來到華西街絕對不容錯過的銅板美食。

推薦品項：清湯瓜仔肉

源芳刈包

→華西街 17-2 號 ◷ 12:00 – 22:00 週一公休

1955 年開業至今的傳統刈包專門店，五花肉晶透清脆的油脂，乾爽卻入口即化的瘦肉，與綿密外皮、酸菜、香菜、花生糖粉，組合出絕妙、平衡且難以忘懷的味覺體驗。

推薦品項：刈包加綜合湯

天天生炒牛肉

→華西街 19 之 5 號 ◷ 11:00 – 23:45

使用在地黃牛肉，無論以薑絲、大骨湯熱澆而成的牛肉湯，或者加點辣椒更夠味的炒牛肉，每一樣都極度下飯，如一旁阿伯所說：慘，吃一次就上癮了！

推薦品項：炒牛肉、牛肉湯

← 廣州街

周記傳統芋圓

→和平西路三段 120 號（龍山商場美食街 1 樓） 10:30 – 18:30

從阿公維持至今的傳統口味，使用手工製作的扁圓形芋圓，看似單薄但卻充滿嚼勁，冰品可淋上香蕉油提味，熱品則可加入百草粉，皆為古早香料。

推薦品項：芋圓綜合冰

梧州街蚵仔

→梧州街 48 號 11:30 – 20:30 週二公休

在地古早味、補充精力的絕佳選擇，在白飯上依序澆淋醬油、油蔥、酸菜、鮮蚵，風味鮮美不油膩，酸鹹嫩脆相互題點，有著標準臺式小吃的海派細膩。

推薦品項：蚵仔蓋飯

原汁排骨湯

→梧州街 46 巷 2 號 10:40 – 20:30

小小的店面，與其他老萬華人比肩坐下，點一碗以大骨和蘿蔔熬製的原汁排骨湯，配小碗蛋炒飯，據說萬華人喜歡啃排骨肉，而大稻埕人則偏愛大骨湯。

推薦品項：原汁排骨湯、蛋炒飯

阿嬤烤魷魚

→廣州街 194 巷旁攤販 14:00 – 01:00

廣州街上排滿一整條夜市的烤魷魚攤販裡，只有阿嬤烤魷魚有自家的獨門辣醬！魷魚品項眾多，是價格實惠的下酒良伴。聞香之餘，別忘了請阿嬤一定要幫忙塗上。

推薦品項：各式烤魷魚

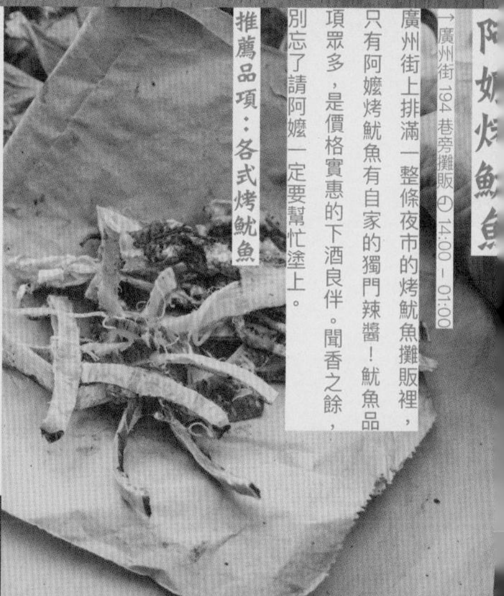

廣州街夜市香脆蚵仔煎

→廣州街 224 號 18:00 – 01:00

這家位於夜市末端的蚵仔煎，擅長將表皮煎出酥脆焦香的口感，往往一上桌，外皮都快比盤子還要大，加上鮮甜的東石直送的蚵仔，是相當過癮的夜市美食。

推薦品項：香脆蚵仔煎

← 三水街市場

三水食品花生行

→和平西路三段75號

原為在南部製作麻油的老店，為了謀生而開發麻油的副產品—花生，沒想到卻一砲而紅，現在多種口味的花生已成為店內的熱賣商品。

推薦品項：鹽酥花生

周記肉粥

→廣州街104號

下午三點鐘的店內，裡頭座無虛席的客人，桌上都擺了一碗以生米慢慢熬煮製成的肉粥以及選用五花肉以手工醃製的紅燒肉。

推薦品項：肉粥、紅燒肉

三六圓仔店

→三水街92號

一碗包含蜜芋頭、雪蓮子、湯圓、芋頭、地瓜圓、紅豆湯、花生湯等種種料理的招牌甜湯，滿足嘴饞的客人，也飽足空虛的胃囊。

推薦品項：招牌甜湯

阿琴米粉湯

→昆明街312號 ⊙06:00－13:00

位於市場口，從清晨四點就開始熬製大骨湯頭，上桌前加入芹菜和紅蔥頭提味，雖然一碗只賣25元，但每個環節卻絲毫也不馬乎。

推薦品項：米粉湯、油豆腐

蘇家油粿肉圓

→三水街109號

採用古法與手工製作，招牌的油粿鬆綿，充滿芋頭清香；肉圓外皮彈牙，內餡塞滿豬肉、香筍，三代傳承也歷久不衰的好口味。

推薦品項：油粿、肉圓

花之鄉豆腐豆花

常出沒萬華火車站前與艋舺大道120巷全聯前

傳說中在夜間穿梭的幽靈臭豆腐小貨車，當招牌的臭味來到，就可以在不遠處看到排隊的人龍。大塊酥炸豆腐與高比例的軟嫩內裏，搭配爽口的泡菜，讓人一塊接著一塊。

推薦品項：臭豆腐

氣口對了，什麼都對！

khuì-kháu

廖小子
曾熙凱
李政道
萬華走談

說到萬華你會想到什麼？在線上媒體的街訪中，在地受訪民眾說萬華的三寶是「髒亂、流鶯與街友」，除此之外，還有什麼？又或者，三寶背後有什麼樣的故事，值得我們「深入」探究甚至翻案？

「萬華」名稱之於地景的關係，相較於「萬年均能繁華」的意涵，或是「萬德莊嚴、華嚴世界」的寓意，萬花筒的意向似乎更能描述萬華的景象——當你走在其中，無法預知暗巷的下一個轉角將通向何處，又或者在櫛比鱗次的古厝老屋之間，並置著宮廟與私壇，香火繚繞之餘，亦放送著不絕於耳的誦經聲。如果說刻板印象是誤會最深的客觀現實，在設計師的眼中，萬華將轉化成怎樣的面貌？

文字｜劉星佑　攝影｜鄭弘敬

不入虎穴焉得虎子

爲求更身歷其境的了解創作緣起，我們邀約《萬華世界 WAN der LAND》一展的主創——策展人曾熙凱、協同策展人李政道，以及主視覺設計廖小子，從西昌街上的阿秋阿琴聯誼音樂坊，開始採訪的第一站。還沒進到店內，Echo 效果開到滿的卡拉 OK 聲已傳到街上，店內的七彩旋轉燈照射在已有年代的壁紙上，Merry Christmas 字樣的金蔥壁貼，一旁並置放著財源廣進的掛飾，舞臺旁佇立著復古造型的路燈，背景還疑似是加拿大的夢蓮湖？而一旁的 DJ 兼 PA 正是阿秋本人！在這裡唱歌，要升 Key 還是要降 Key，全憑阿秋在前臺擔任音控，聽到客人開口的第一個音調，就見招拆招的調控。如果追求第一次採訪就失敗，務必來「阿秋阿琴」，如果想要採訪順便高歌一曲，也別忘了來「阿秋阿琴」，低消一百元，沏一壺茶，邊吃水煮花生，還會看到部分進出於此的年長男性，一旁偶有較爲年輕的女性「綴牢牢」(tuè-tiâu-tiâu)，這亦是萬華世界的日常之一。

設計的基本功就是練好「凝」

「剛剛那個阿秋，眞的很厲害！」小子說道。坐在康定路的蔴油李，點了一份麻油雞雜，對話開頭，是開眼界的分享自己的「路上觀察」，而「觀察」對一個設計師而言，毋庸置疑的，是一個彷彿「凝」的能力，得異於常人！關於風格，草根？庶民？生猛？臺味？民俗？廖小子的作品，乃至於個人的氣質與形象，在不同的媒體報導中，近乎包辦了上述這些修辭，廖小子亦常在不同的平臺上，分享自己設計中的「在地性」與「臺灣風」，而在上述的修辭裡，似乎有一個對立面遙遙相望，關於文化的創新與傳統，關於習俗的照例與破例，當代的意義就是不斷地在「之間」思考；面對面的採訪小子，才有機會發現在這些修辭之外，於更深的創作內裡中，蘊含著一種傾聽的姿態，與觀察的習慣。

時間淘汰不了的我都愛？

「萬華有一種奇怪的脫節感，有一種被排除的品味」小子描述著自己對萬華的觀察，或許是街上的招牌、店家的裝潢、餐廳使用的器具與陣頭的紋飾。因爲脫節造成的特例，因爲被排除造成的孤品，都召喚並刺激著小子的創作魂，與其說「應用」這些素材，不如說讓這些既存的「特殊」被看見，對小子而言，臺灣日常生活的背後，隱含著一種「爆發力」與「無名作者」，等著有心的創作者，進一步的師法與開發！

本身就富含精彩文化元素的萬華，設計師要如何呼應展題，又不至於去脈絡化，落入刻板印象的窠臼，是設計「萬華世界」主視覺困難的地方；所幸，小子在駕輕就熟之餘，除了接地氣，更邀請著萬華的初心者，一起書寫萬華。偌大的嘴脣在主視覺中間，一旁排列著圖案化的麥克風、錘子、衣裳與對生的植株，呼應著環繞於萬華不同的產業與文化；成爲道地的觀光客，才是眞的設計專業，氣口對了，刻板印象不成問題，氣口準了，地氣用不著接，作品自然從地氣裡長出來。

從日常靈感到文化省思

設計師創作的起心動念，往往容易被掩蓋在盛名之下。霓虹燈的光暈，是小子風格的一大特色，然而卻很少人知道，霓虹燈的光暈，是怎樣「進到」作品裡來的？小子分享了自己半夜兩點，在路上看到檳榔攤孔雀燈的記憶「閃爍的LED燈，讓你不得不看到他的漸層，因爲不是乾燥的空氣，所以顯得特別朦朧。」重新再看看廖小子設計裡強烈的風格，不是爲了樹立而樹立，相反地，從自己的感受出發才是發想根本。

臺灣的日常乃至於民俗，一直以來，都是最常被取材的創作對象，然而，在什麼時候什麼狀態下，日常與民俗不只是一種創作素材，而是有意識的成爲創作者欲詮釋的文化象徵？臺灣在不同時期，經歷不同政體的治理與殖民，也經歷不同階段移民的遷入，複雜多元的歷史，累積了豐富的文化底蘊，也讓「什麼是臺灣文化？」困擾著在這個島嶼上生存的人們。

曾熙凱與李政道不約而同地提到「文化自卑」的現象，上述狀態的表徵，何嘗不是幽微地呼應著萬華傳統市場的攤商，因面對快速的現代化，而有著「一定

會消失」的自我隱憂。設計師當然不用「文化興亡匹夫有責」的文以載道，列出近代的設計大家，從劉開、蕭青陽、黃子欽、何佳興，乃至於廖小子，都用各自的設計，與其說創造臺灣文化，不如說用不同的方式詮釋，你我都有機會經驗到的臺灣日常。當文化需要被定義，就是標本般展示，唯有持續地被使用與被觀看，才有機會是活水般的伴隨，有賴上述的「有心人」以設計師之名，若有意若無意地，時時提醒著我們，那些被遺忘忽略的生活與表態方式。「萬華世界」一展的初衷，看似以萬華畫地自限，實則是萬華鏡般的折射，讓小至居民個體的自傳，大至產業所牽動的江湖故事，都成爲觀照臺灣自身的借鏡。

後記

採訪時，正逢艋舺的青山王祭，七爺八爺、八家將等陣頭隊伍浩浩蕩蕩，繽紛的光珠，隨著煙火起落，照映在我們一行人的臉龐，沖天炮與鞭炮的煙硝味和白煙，亦混雜在當天的對話中，在隆隆的炮聲裡我們享受靜默，在炮聲靜默時，趕緊對話，此次採訪，恭逢其盛，而且眞的身處在萬華世界之中。

khuì-kháu

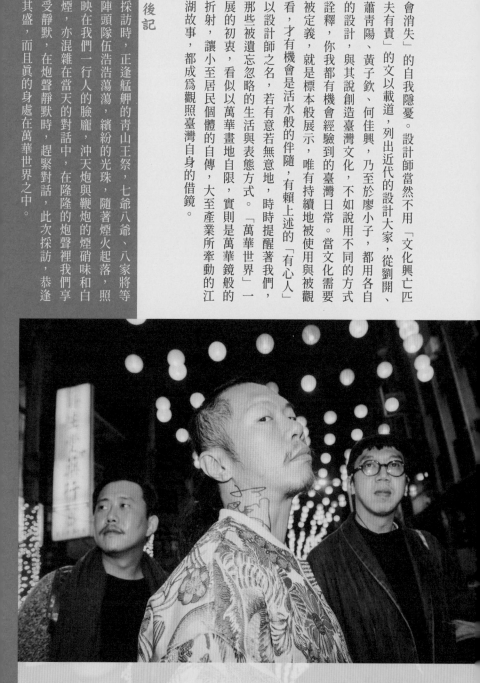

我們在萬華：適宜的文化生活對談

對談｜黃適上｜洪宜玲

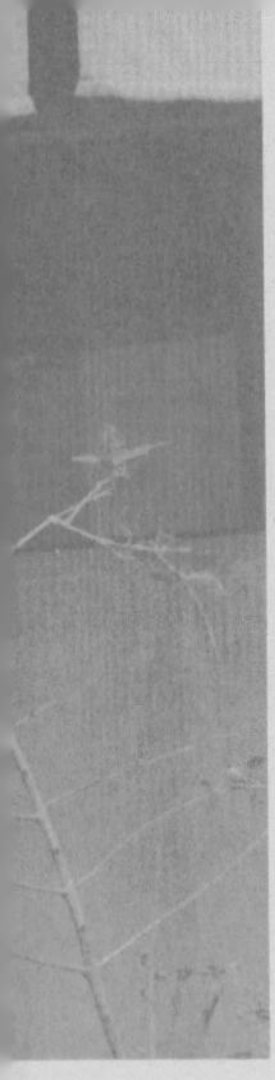

2020年末，一個難得有陽光的週一，黃適上與洪宜玲在休館日的新富町文化市場建築中，聊著萬華帶給二人的體會，以及他們從中對自身工作、生活與文化的種種觀察。

文字｜徐立真　攝影｜李政道

黃適上

文化藝術工作者，萬華社區大學文化學程講師、西京淡水河文化創辦人

從小在艋舺生長，祖父為臺北最早水岸歌場「河乃莊」創立者。二十三歲前後分別生活在老艋舺淡水河港墘仔與新潮西門町，一新一舊的街區成長經驗，造就了生命視野的多面性。常用藝術觀點看萬華，用歷史觀點讀萬華，用人文觀點寫萬華，用生活觀點遊萬華，期盼有生之年都能用自己的獨特觀點，改變人們對萬華的扁平刻板印象。

洪宜玲

忠泰建築文化藝術基金會創意學院處總監

最早接觸萬華是大學時期，跟著老師進行臺北城市文化地景的研究，目前負責營運新富町文化市場，透過場域活化驅動老城區與老市場的再生。喜歡萬華緩慢的生活節奏與常民文化，對於每天能在老城區工作是件愜意自在的事。

尋找恰如其分的位置

「我們都是來來去去的人。」適上用這句話爲開頭，也註解他自己與地方的關係。身爲世居艋舺的黃氏家人，他對家鄉一直有著來自於文化基因的關懷，然而大環境的種種現實，讓他曾經對艋舺、臺灣產生愛恨交錯的情感，直到近期，他在萬華社大開設的課程中，聽到學生這句話，才恍然解開心中的結。如果文化的特質，就是不斷的變動，相互連結而難以劃分疆界，那麼在地人與外地人的區隔，又該定錨在哪裡？經歷過「身爲在地人，要挺身而出捍衛這裡」的過程，他現在更能理解到「不是非我不可，不要把自己當成唯一的Solution」的心情。對於此，他認爲宜玲掌握得恰如其分，因爲忠泰基金會總有一天會離開新富町文化市場這座老建築，換成其他單位進駐，但這幾年團隊與地方市場互動所產生的新生命、新價值，屆時就會是在地選擇的可能性之一，轉化成繼續走下去的力量。

宜玲回想起團隊來到萬華的過程，每個地方本來就有其運作的模式，因此對陌生的團隊有所觀望、打量，是理所當然。一個初來乍到的團隊，亦本該抱著學習的心態，經歷請益、認識的過程，才能眞正開始進行團隊想展開的工作，並透過不同合作機會，以成就對各方都有益的事情。例如，長久以來，萬華總被外界冠上許多負面標籤，在地人自然想與之劃清界線，擺脫外界的刻板眼光，因此立意良善的公益合作，也需要更多的溝通與討論。對此，適上則觀察，艋舺從歷史發展的榮光走來，不免也出現老市鎭會遇到的當代評價：落後、髒亂、排外……等，但與其說是排外，用保守來形容，或許更爲恰當。因爲相對於現代社會其他地區，艋舺並沒有調整到面對自身與他者的適當位置，被新的當代社會主流價值長期影響下，連在地人也掉進一種否定家鄉的情結，卻又矛盾地活在一種想爲它辯駁、捍衛的心情裡。

遺忘的艋舺榮光

那矛盾的拉扯，或許來自於「歷史的失落感」，失落，卻因爲已丟棄了自身的價值脈絡，對艋舺的歷史內涵不夠瞭解，所以一旦被外界評價，也無從理直氣壯地辯駁。「老城應該要有驕傲」，那驕傲不是自卑或自大，而是來自於一代代的文化傳承與教育環境養成。

他憶起幼時在河乃莊的生活，每當神明生日，幾戶鄰近的住戶、店家，便會一同自發辦桌，阿公與鄰居們會在河乃莊所在的桂林路 167 巷內舉辦；而福大同茶莊與涼粉伯等幾戶，則會在貴陽街的亭仔腳辦桌，對內流動的情感，是營造熱鬧節慶氛圍的底蘊，而不從屬於宮廟主導的大型活動。然而，經歷不同統治者打壓，強調「不迷信」、「不鋪張」的思想教條，以及種種現代化的價值觀，人們無論生活或信仰，都逐漸脫離過去鄰里間凝聚的情感。當大家開始有餘裕，想回頭找文化資產時，再也無法尋回這些早已斷裂的生活細節，加上金錢的影響力更甚，慶典的「盛大」的樣貌，自然也與過去不同。今日地方居民與廟宇的關係已不似過去，卻不斷湧入看熱鬧的民眾，留下的垃圾、噪音由地方承受，這些衝突爭議的背後，反映了「以人文傳統爲基礎的盛會」的消逝。

宜玲的住處附近也有幾間宮廟，因此她也深有感觸，對她來說，宮廟活動難以產生共鳴，甚至會因爲舉辦頻率過多，而成爲與自身生活經驗無關的干擾。因此她認爲，2020 年青山祭的爭議，其實是現代生活與廟宇信仰不再緊密相關，兩者間該怎麼調和共存的疑惑與矛盾，正是一個讓我們重新思考的契機：該如何看待被定義爲文化資產的宗教活動，以及如何看待在日常生活所累積的文化。

經過這幾年忠泰基金會團隊與市場攤販的互動，宜玲發現「常民文化」這觀念，其實並非普遍存在一般大眾的認知裡，而更像是文化從業人員所使用的專有名詞。當團隊希望將傳統市場所串連、凝聚的人際價值，以及幾代傳承下來的「職人精神」，介紹給更多人時，攤商們則認爲這是爲了生存下去而做的勞力日常，也無法與文化價值劃上等號，更希望下一代不要傳承這份辛苦的勞動，能去找外面的工作。

適上回到了開始所說「文化相連」概念，認爲「常民文化」就是習以爲常的平凡，市場中所產生的交易，不只是物品與錢幣的交流，而是買賣雙方對價值的分享與交換，可能是一份口感，或是物品的使用習慣，如果在日常生活中，就能時時記得日常的可貴，「常民文化」自然不會被輕忽、斷裂。全球化的世道確實艱難，但「一旦丟掉信念，當外在的衝擊出現時，內部必然自動崩解。常民文化的消失，卽是自我價值觀閹割的過程。」透過萬華，我們能思考的或許就是臺灣有沒有值得永續守護的，「用心」的價值。

常民文化也是日復一日堆疊而成的意識流，若長輩不對自己的工作感到自豪，而只是將下一代推向其他行業，整個社會對自身與職業的態度，自然只剩負面，進而斷裂；反之，若長輩在生活中，傳達出認眞看待自身工作與所創造物件的價值，並鼓勵、欣賞和讚美孩子的參與，那麼無論時代環境如何變化，上一代的職人精神，以及對待人、物、價值的愛，自然會成爲孩子內在的一部份，並在每日的生活實踐中珍視、傳承。

宜玲以東三水街市場的大豐魚丸攤位，和新富町文化市場的製冰室愛嬌姨爲例回應。大豐魚丸這一代的主理人，十分重視家族事業的品牌價值，加上有固定客群，讓他們在維持品質與口感的前提下，也勇於思考攤位的創新，甚至願意嘗試跨界合作。傳承上也不設限，無論承接與否，都是孩子的決定，而非主理人對職業別的高低定見。相對地，製冰的愛嬌姨年事已高，生活沒有後顧之憂，在傳承有困難的情況下，愛嬌姨每天是爲自己與老客人而營業，她也試著接受與錄像、舞蹈等藝術創作合作，發現製冰也能成爲其他人的靈感來源；透過報導，阿嬤得知自己一直守著的事業被大家所肯定，進而更樂意分享，甚至會主動向藝術家提出將水果放入冰塊內的創作新點子。兩種截然不同的市場商販，宜玲看到的是：「每個人、每個世代在事業上的想法，都會有不同狀態，但只要願意嘗試，就都有機會。」

感受「裏萬華」在這裡生活

對適上而言，萬華不是觀光景點，而是他的背景脈絡與生活養分，黃氏是艋舺大家族，經歷過日本政府對宗祠祭祀團體的毀壞，也看過家族長輩在八〇年代的時代遺緒中，試圖挽救被裂解的地方組織。這些來自統治者的強力打壓或思想清洗，都會讓獨特的文化價值及樣貌，在新時代中更快速被淘洗、覆蓋與錯誤讀取，特別是在像艋舺這樣古老的城市裡。以集市為例，之前位於三水街的地攤賊仔市，現在轉移到西昌街形成跳蚤市場，這裡的買賣行為模式，出價、回價的邏輯，都能視為可供欣賞的人文風貌，這是老城古老交易模式的延續，也是另一種珍惜舊物的精神。這些都不是觀光團、旅遊書會出現的章節，觀看萬華，必須先拿掉觀光旅行的心態，再從感受、散步中，慢慢理解。

「我們會在其他地方看到一個城市的表，而萬華就是城市的裏。」宜玲說，「裏」的意涵就是地方所蘊藏的多元文化與厚度，並可從很多不同面向切入，找到新的論述談艋舺、談城市、談文化與生活。萬華從北到南都有不同的氣息，「每天通勤穿梭，都感受到萬華不同區域特色的流轉。」

習慣了萬華的步調，每當她到位於臺北東區的總公司開會，都像進入另一座截然不同的城市。有人問她在這工作是否習慣，她卻認為：「回到這裡，我會感到自在，非常舒服。」她甚至說溜了嘴：「在這裡生活，啊其實是工作啦！超自在的，騎車上班遇到市場阿嬤，就停下來聊聊天寒暄。辦公室外遇到鄰里，也會噓寒問暖。」雖然是工作，但對宜玲來說，萬華更像是生活的延伸，她只是來這裡做一件自己很喜歡的，也與生活有關聯的事情。

獵奇？排外？我們是如此觀看萬華

對談
樊宗錡
洪譽豪

說起萬華，你會想到什麼？年長者聚集的艋舺公園？亦或是充滿獵奇色彩的茶室文化？居住萬華十年的 VR 藝術家洪譽豪擅長以空拍攝影錄像、3D 掃描與虛擬實境 VR 製作再現萬華的市井生活；而長年關注臺灣文化與記憶保存的劇場導演樊宗錡，近期以萬華青山宮的「八將」作爲創作靈感而開始親近萬華。這次，讓我們跟隨洪譽豪（以下簡稱洪）與樊宗錡（以下簡稱樊）的腳步，以觀察者的角度潛入萬華的巷弄街區，發掘那些非日常的日常，捕捉萬華獨有的氣味與氛圍。

文字｜楊孟珣　　攝影｜連思博

(上) **樊宗錡**
齊聚一堂劇團團長
2019-2020 年兩廳院駐館藝術家
專注創造一種參與，參與踩線，參與誤解，透過人的失態窺見人心。

(下) **洪譽豪**
新媒體藝術家，畢業於臺藝大新媒所，創作源自對住所的長期觀察，並使用 3D 掃描及虛擬實境投注常民空間的凝視經驗。

問：兩位都是臺北人，能否聊聊從小對萬華的印象？

樊　小時候我住在大安區，因爲家裡做建材行，所以我跟別人比較不一樣，同學可能覺得萬華又舊又髒，但我反而覺得萬華的老舊沒什麼。臺北市每區都有各自的演變過程，像天母一帶本來是有錢人住的區域，但後來逐漸沒落；相對來說，萬華好像一直維持這樣豐富的色彩，「縉紳化」(Gentrification) 似乎很少在萬華發生，各種店鋪、小販也沒什麼變化，這代表它們沒有改變的需求，才會維持原貌。

洪　我小時候最早是住北投，後來搬到大安區，近十年獨自搬到萬華的西昌街。我每天下樓，看到的景象都差不多，唯一改變的就是家樓下的二手攤販變多了。聽附近的大哥說，以往二手市集（賊仔市）都聚集在艋舺公園一帶，有些是隨時間移動，凌晨會先集中在康定路與廣州街交叉口的騎樓，中午過後才會跑來西昌街。

問：為什麼選擇萬華作為創作命題？

樊　一開始是因爲想要研究「將團文化」而接觸萬華青山宮，相較於其他將團可能常出陣，青山宮的八將團只有在青山王誕辰才會出現，他們的特別之處在於世襲制且不支薪，所以關係更加單純。青山王祭對他們而言像是個小過年，彼此就像兄弟姐妹一樣聚在一起，近幾年開始有文史工作者及愛好者想加入，將團評估之後覺得品行不錯才讓他們加入，現在大概有一半是非世襲。

洪　我創作的靈感還是來自自己的觀察，拍攝過程中發覺大家對鏡頭很敏感，有次跟朋友到鑽石大樓拍攝，還被阿姨追出來、叫我們不要拍。萬華人滿有趣的，像是龍山寺周邊都是年長者，其實大家都很熱心，比如有次我朋友的車拋錨了，他把引擎蓋打開，就有一群阿伯們圍過來關心——他們會主動關注陌生人，但觸碰到敏感地帶，就會有一定的排外性。

問：對你們而言，萬華的在地認同是什麼？

樊　以青山宮爲例，近年來它逐漸被更多人看見，在這之中有愈來愈多外地人參與，相對與在地居民無形中產生一種隔閡感。有位文史工作者跟我分享，西方人普遍知道耶穌與聖經，臺灣人卻可能不知道青山王是誰，宗教觀變得非常個人且利益導向，也就是有需求時才來拜神，無所求時就回到各自的生活。回到我自身也是如此，小時候家裡開店，初一十五都要拜拜，但當我搬家到永和，就變得幾乎不拜拜。我覺得現在大家普遍都租房子，再怎麼樣都不會把租屋處當作「家」，家仍是他們出生的地方，如果是這樣，似乎更沒有必要跟當地的神明連結。

洪　導演說的我非常認同，儘管住在這裡，但心中的家還是會在另一個地方。我的作品《無以爲家》主要在講「家」的定義，創作契機是我家騎樓下有住一位大姐，見到有人把垃圾袋放在騎樓，她說：「誒，你們怎麼這樣，人家的家就不是家嗎？」我當時就想，原來這裡對她來說已經是「家」了。又例如騎樓常常聚集很多居民，從中午就在茶店喝茶聊天；有些則是長期在這裡做生意的攤販，他們生活在騎樓的時間這麼長，騎樓某種程度而言是不是他們另一個家呢？這也是反映我搬過來十年了，我也在反問自己——萬華是不是我的家呢？我的心境上還是會覺得跟萬華有些疏離，聽完導演的分享，我也有點解惑的感覺。萬華居民的根可能已經深紮在此，儘管外來的新住民進來，也還是會有一個斷層在。雖然我會說我家在萬華，但我確實還是會帶著觀察者的角度在看萬華。

問：透過戲劇及VR藝術的創作手法，想要引領觀眾思考什麼？

樊　我選擇做「家將」，是希望回顧臺灣即將消逝的記憶與事物。我不諱言這個觀點本身就是天龍人視角，或帶有先入爲主的觀念，我在訪談青山宮的過程中發現：我對於「信仰」有一種疏離感，本來一開始是研究將團文化，到後來轉變成——我們這代人與信仰的關係。早期人們因爲生理疾病而需要廟與信仰，到了現代醫療衛生條件都變好了，就會變成因爲心理疾病而需要神明，所以某種程度有點像「信仰」在過去與現代的對照。我想呈現的是一種現象，可能是一群人或一代人所發生的事情，在二、三個時空背景下的對照，家將對我來說是個切入點，眞正要談的是「信仰」——人與神之間的關係，以及信仰帶給人的力量。

洪　2017年我用空拍機拍西昌街，當時也是想重新觀看自己居住的地方，步行與空拍的觀看方式是很不一樣的，拍的時候更能感受到「我就住在這邊」的認同感，那是一個濃縮的地理圖景，我的拍法是從早拍到晚，早上、中午、下午、晚上、凌晨各拍一次，將同一個地方的不同時間點做疊合，這樣看過去就像是一個聚光燈掃過整條街道，有一個相對的時間序，慢慢掃過去時更能感受到自己的存在感，滿放大我自己的感觸。而VR對我來說即是爲了凸顯這感觸，不同於空拍視角是整個街道的群體樣貌，VR更爲放大其中的個體經驗，而配合的3D掃描就像一個當下紀錄的保存，有點像是以前爸爸拍照片一樣，儘管3D掃描較常被用於拍攝古蹟，但對我來說，記憶中的那個場景——可能是一家書店或一個角落——對常民而言才是最重要的，所以我當然要去紀錄，回過頭來對當地人或是我自己才會更有共鳴。

問：創作過程中，該與作品保持怎樣的距離？完全沉浸其中，抑或是保持距離？

樊　我最近的狀態就是遇到非常喜歡的主題，因爲太沉浸其中而一直撞牆，突破的方式其實是跟夥伴一起討論，從最簡單的問題開始問起，漸漸拉出一個邏輯與角度。彷彿借用別人的眼睛，慢慢拉出我與作品之間的距離，才逐漸看見它的輪廓。

洪　我覺得每個創作者都會遇到這個問題，雖然有一個明確的目標，但要如何把它刻劃成我要呈現的作品，光是從呈現手法到內容，眞的會卡關非常久。我的解法就是發想時常去散步，最後關頭再把自己關在房間裡思考彙整，逼自己好好地靜下來，最後用客觀的角度看待整件事情，才會突然有豁然開朗的感覺：欸？爲什麼不這樣做就好了？

問：未來還會想要繼續以萬華作為主題創作嗎？

樊　有機會的話當然好，因爲很少人有機會好好地書寫萬華的故事。如果把萬華比擬作一個人，他看起來可能是不起眼的計程車司機，但一聊起來就會發現，哇靠原來他以前做過很多精彩事，我覺得萬華一直給我這樣的感覺。

洪　當然還是會持續關注，我對萬華有種既熟悉又陌生的感覺，她很像是隔壁鄰居的奶奶，一開始可能會覺得她很兇很陌生，不敢跟她打招呼，但一講起話來又會突然迅速地拉近距離。萬華包含了很多社會景框，每個人對她的想像都不一樣，這就是她有趣的地方。

萬華時曆

文字—施景耀

萬華境內共有約 25 間廟宇，印證著過去不同族群至此落腳的痕跡，信仰祭祀活動也形塑了萬華人的生活作息。整理一年之中，萬華境內舉辦的重要宗教祭典，無論哪一個信仰體系，都是祈求地方風調雨順、闔家平安。

農曆	舉辦單位	祭典活動	
一月六日	艋舺清水巖祖師廟	清水祖師聖誕	●萬華四大廟、臺灣北部三大祖師廟之一，艋舺清水巖祭拜祭典。
三月十二日		保儀大夫聖誕	●南萬華盛事，自木柵地區開始，每年輪流由六個庄頭輪值，擔任爐主祭拜保儀大夫（尪公），並於聖誕這日迎尪公，繞境南萬華六庄頭。
三月二十三日	啟天宮、臺北天后宮	天上聖母聖誕	●啟天宮、臺北天后宮媽祖繞境。
六月二十九日	龍山寺	龍山寺中元盂蘭盆勝會	●地藏王廟發表。
七月一日			●豎燈篙：韋馱布幡、七星燈、寶幢，招請三界神明（迎聖）及十方無祀孤魂（招孤），前來領受施食。
七月十二日			●以紙糊神祇開光結壇，進行發表與放榜儀式。
七月十三日			●拜樹蘭花腳，為 1853 年大型械鬥頂下郊拼中，龍山寺三邑人一方犧牲勇士的血衣，葬於龍山寺內樹蘭花腳下，便於每年此時祭拜，感念先人的守護。
七月十四日			●上午起「車藏」儀式，牽引死於血難與溺水亡魂，特別是龍山寺中的唯一在地信仰：於頂下郊拼中犧牲的池頭夫人。 ●中午拜五泉廟諸勇士，祭拜泉州五縣在械鬥中犧牲勇士，與泉州來臺無所依靠的羅漢腳。 ●傍晚祭祀隊伍繞行萬華街頭，至淡水河畔立水燈排、施放水燈指引孤魂上岸，前往艋舺龍山寺參加隔日的瑜伽焰口施食。
七月十五日			●普渡儀式，設孤棚、孤飯、供品；舉行瑜伽焰口施食。
七月三十日			●謝燈篙，普渡結束。
八月十八日	新富市場、直興市場	中元普渡	●由於中元節期間過於忙碌、無暇祭拜，市場的普渡歷年來都選在中秋節過後，一方面是等所有民間活動皆告一段落，另外也希望將中元節沒送回去的好兄弟，再行普渡祭拜。

九月一日	加納仔廣照宮	飛天大聖聖誕	飛天大聖「張聖者」，為泉州安溪人，因濟世百姓而被建廟奉祀，分靈渡臺後，成為南萬華最重要信仰，也是南萬華最大繞境活動。
十月二日	艋舺晉德宮	助順將軍聖誕	助順將軍爺出巡繞境，隔日為聖誕祝壽活動。
十月十日	艋舺集義宮	朱府千歲聖誕	集義宮主祀朱叔裕、池夢彪、李大亮三府王爺，麾下有楊府元帥、尤大總巡、十二司官、虎爺、採藥童子等神明，由朱王爺為領導。聖誕前一晚舉行拜壽典禮，正日中午舉行「宴王」與犒軍，牲禮遵循傳統菜色，只有尤大總巡聖誕牲禮以生肉生魚供奉，2020 年為建廟 120 週年。
十月二十日	艋舺青山宮	青山王祭	青山王巡察暗訪，為臺北三大暗訪之一，意指在搜捕妖魔、去除邪祟。首日以中、南萬華暗訪為主。
十月二十一日			青山王祭暗訪次日，以北萬華暗訪為主。
十月二十二日			青山王祭正日，靈安尊王遶境萬華。
十月二十三日		青山王聖誕	舉行祝壽大祭，俗稱艋舺大拜拜，並進行隔年青山王爐主擲盃儀式。
	其他萬華周邊活動	萬華老城咖啡香	串連全萬華具有人情味的咖啡廳，打造出讓旅客感受到萬華人情味的在地品牌活動。
		南萬華越南生活節	2020 年第一屆，起因於南萬華為臺北市越南新住民比例最高區域，這些居民也將此作為家鄉，然臺北市一直沒有屬於越南新住民的節慶，於是由萬華在地群眾發起，過一個具有在地味的越南節慶。
		艋舺甘蔗祭	連接日本時代的臺北糖廠文化，守護於此的糖廍文化協會，為了保存糖廠記憶與臺北市僅存的甘蔗田，而舉辦此採收慶典，已舉辦 23 屆。
		華江雁鴨祭	萬華周邊的河濱公園，為臺北市雁鴨固定到訪溼地，為鼓勵群眾親近鳥類，而舉辦之賞鳥祭典。
		城西生活節	由剝皮寮歷史街區城西營運處主辦，以傳統節慶結合萬華文史舉辦的年末活動，並以一起好過冬為發想主軸。

資料來源｜文化部文化資產局

《萬華世界》展覽創作團隊

食物創作—主廚：方柏儼

高雄餐旅大學畢業，經歷亞都麗緻巴黎廳、臺北 L'ATELIER de Joël Robuchon 與倫敦 L'ATELIER de Joël Robuchon 時任副主廚。2019 年任「L'ARÔME 法式餐廳」主廚時，L'ARÔME 已被點名具摘星資格。致力以臺灣特有的味道，融合富奢華感的頂級法式經典菜餚，襯托出在地高級食材，也別具巧思的讓此主張，埋下推動臺灣味的線索。

甜點主廚：廖盈淇

高雄餐旅大學畢業，2013 年從臺北 L'ATELIER de Joël Robuchon 的外場銷售人員做起，後轉內場甜點師，在米其林摘星巨匠 Joël Robuchon 旗下餐廳服務共三年的時間，2015 年在 C'EST LA VIE BISTRO 五味瓶任甜點主廚，疫情前在澳洲雪梨 KOI dessert bar and dining 作爲甜點師再次進修，目前嘗試著把臺灣傳統食材和過去所學結合，並延伸學習瑜伽、花藝領域，交疊出屬於個人風格的甜點。

味覺設計：胭脂食品社／王琬萱

胭脂食品社主理人，延續古老的方式與多元豐富的味覺實驗，探索食材的可能性，在餐桌上交換世界各地的文化故事；同時對我們每日的飲食習慣提問，記錄這個島嶼各種層次的食物風味，也期待能夠提煉出屬於你我共同的味覺語言，土地與時間之味。

調酒師：Sidebar／鄭哲宇

Sidebar 創辦人之一，已有十年的調酒資歷，白天是工程師，到了晚上則化身調酒師，用電影與音樂平衡黑夜白天兩種身影。覺得能用電影中的調酒詮釋一部電影是很有趣的事。著有《工藝琴酒全書》。

氣味設計—Smells of Taipei／黃蓉

艋舺人第五代，相信「氣味是看不見卻深邃的風景」，而她的使命就於透過「故香」，讓更多人認識她的故鄉。創建 Smells of Taipei 氣味城市導覽，讓參與者從鼻子出發做氣味旅行，走進大小巷弄，理解這股迷人氣息從何而來，同時以萬華的人與地景爲靈感來調香。

視覺設計—廖小子

廖小子本名廖俊裕。以臺灣獨有的「勞工美學」獨創一格的設計師，在 2016 倫敦設計雙年展以豪邁奇詭「修龍」字體與策展人曾熙凱攜手和西方美感相撞，創立第一本募資獨立媒體刊物「眉角」，也曾以拍謝少年《兄弟沒夢不應該》獲選爲第 29 屆金曲獎最佳專輯裝幀設計獎。出身工人階級家庭，從臺灣常民生活裡，找尋一般人眼裡俗豔的元素，傳單、打火機、電子花車、檳榔盒、金紙……，在他的創作中，卻成爲最獨樹一格，生猛又接地氣的臺灣美景。

流行設計—林特

攝影師、現任 every little d 主編。小時候在三重和西門町廝混的林特，長大後到倫敦讀服裝學院，拍了十多年的服裝攝影，現在則用大不列顛的前衛眼光，欣賞臺灣在地文化的精彩可愛。

燈光顧問—瓦豆製作

基地在大稻埕的光影創作團隊，以光爲創作媒材，作品關注人在空間中的行爲與光的關係，致力於降低無意義的照明手法，抑制能源耗損，創造環境友善與永續設計的優質光環境。醉心於用臺灣人習慣的光找到那盞獻給臺灣的燈。

現地採集—大洋製作

成立於 2017 年，取自環繞在島嶼四周的洋流，期許擁有海的深度與山的視野，以好奇和探索精神，提出多元觀點的文化應用及表述。製作面向包括動態影像製作及刊物編輯，此外也主導以臺灣文化爲主軸的書系出版企劃「Project In Situ 現地計畫」，已出版作品包括《現地熱炒》與《晚安條通》等書。

《萬華世界》展覽

策展人

策展人—曾熙凱

協同策展人—李政道

展覽創作團隊

食物創作—方柏儼、廖盈淇、胭脂食品社／王琬萱、Sidebar／鄭哲宇

氣味設計—Smells of Taipei／黃蓉

視覺設計—廖小子

流行設計—林特

燈光顧問—瓦豆製作

展覽工作團隊

展覽整合—李彥良、洪宜玲

展覽統籌—余明蓉

行銷統籌—楊紋昌

行銷推廣—李佳晏、池惠琪、翁子蔓

展務協力—吳巧瑩、張教煌、楊宜奇

展場設計—Studio Shikai／黃靖雅、温凱翔

平面設計—築內國際企業有限公司

食物攝影—林志潭、陳昀婕

繡旗製作—京城武綉／武侍

現地採集—大洋製作／柯景瀚、徐立眞

影像製作統籌—西城 Taipei West Town

動態影像—溫子揚、林志潭、陳昀婕

影像剪接—早雨早晴

影像調光—萬事屋影像制作

特效製作—徐偉倫工作室

音樂創作—HEYGEN ART COLLECTIVE

音效製作—皇冠錄音室

主辦單位—忠泰建築文化藝術基金會
策劃單位—忠泰建築文化藝術基金會、Studio Shikai、西城 Taipei West Town
贊助單位—忠泰集團
活動協力—明日咖啡 MOT CAFÉ
媒體協力—La Vie、非池中、明日誌、實構築
特別感謝—黃適上、柯得隆、許泰英、顏辰州、施景耀、江仁才、翁義成、洪文和、陳昀瑋、福印堂印刷刻印社、天德雕刻社、南新繡莊、華記佛畫、陳冰商號、東三水街攤販集中場自治會、臺北市公有新富市場自治會、生元青草店、天順蔘藥青草行、德安青草店、雅美服裝行、艋舺青山宮、料館媽祖廟（啟天宮）、鹹蜆仔專門店、永恆製麵、就愛咖哩、老明玉香舖、涼粉伯、古山園旅社

《萬華世界》特集

發行　財團法人忠泰建築文化藝術基金會
地址　106 臺北市大安區市民大道三段 178 號

主編　柯景瀚
編輯團隊　忠泰基金會：洪宜玲、楊紋昌、余明蓉、池惠琪
大洋製作：柯景瀚、徐立眞、劉玟苓
內文撰稿　徐立眞、劉玟苓、柯景瀚、劉星佑、翁子蔓、陳星穎、李政道、施景耀、蔡耀徵
美術設計　軌室
攝影　鄭弘敬、Kris Kang、連思博、李政道、柯景瀚、呂國瑋、林居工作室、林志潭、林軒朗、蔡耀徵
插畫　子仙
文史顧問　黃適上
印刷　漾格科技股份有限公司
出版日期　二〇二一年三月
電話　(02) 8772-6757
傳眞　(02) 8772-6787
網址　umkt.jutfoundation.org.tw
特別感謝　市場人物故事受訪者們、中華文化總會、國家兩廳院、洪文和理事長、鏡文學、南天書局、樊宗錡、施靖愷、SYNDRO、Groovy Store、EVERYDAY OBJECT、chenjingkai office、Machismo men's

ISBN：978-986-96465-3-6

定價：新台幣四二〇元

國家圖書館出版品預行編目資料

《萬華世界》特集：花街 工藝 大理街 青草巷 市場 廟宇＝WAN der LAND extra issue : temple market herb alley dali street grafts that place
柯景瀚主編．—初版．—臺北市大安區市：財團法人忠泰建築文化藝術基金會，2021.03
176 面；14×21 公分
ISBN 978-986-96465-3-6 (平裝)

1. 人文地理　2. 歷史　3. 臺北市萬華區

733.9/101.9/123.4　　110002336

WAN der LAND